잡스
STEVE JOBS
이야기
성공의
비밀

잡스
STEVE JOBS
이야기
글·그림 최호철
성공의
비밀
봄봄스쿨

스티브 잡스 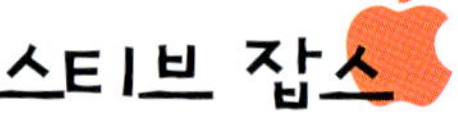

애플의 설립자인 스티브 잡스는 매킨토시 컴퓨터,
아이팟 그리고 스마트폰의 대명사로 불리는 아이폰과
태블릿 아이패드의 개발을 주도했다. 그는 위기에 빠진
애플을 세계 최고의 기업으로 만든 일등공신이며
IT 업계에 새로운 바람을 불러일으킨 혁신의 아이콘이었다.

스티브 워즈니악

지능지수 200의 천재로 어려서부터 과학을 좋아한
괴짜이다. 잡스와 만나 공동으로 애플을 설립했다.
워즈니악이 개발한 애플Ⅱ는 그 이전까지만 해도 일종의
비싼 장난감 정도로만 여겨지던 PC의 위상을 획기적으로
변화시키며 '애플 신화'를 일궈냈다.

잡스 부부 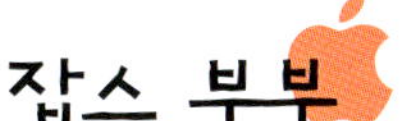

스티브 잡스를 입양, 친자식 못지않게 사랑으로 그를
보살폈다. 그들은 잡스가 버림받은 게 아니라 선택받은
아이라며 용기를 북돋아주었다. 스티브 잡스가 매우
영민한 아이임을 안 잡스 부부는 그의 교육을 위해 많은
노력을 기울였다.

이모진 힐 선생님 

말썽꾸러기 스티브 잡스의 천재성을 알아본 교사.
스티브에게 동기를 부여, 학업에 흥미를 느끼게 만들었다.
'내 인생의 성자 중 한 분'이라고 존경을 표할 만큼
어린 스티브에게 많은 영향을 준 인물이다.

마이크 마쿨라 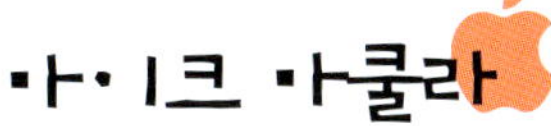

애플 컴퓨터의 공동 창업자. 컴퓨터 업계의 자산가 중
한 명이었던 그는 스티브 잡스에게 투자, 애플 컴퓨터를 만들 수
있게 도왔다. 그는 잡스에게 기업 경영에 필요한 마케팅과
세일즈 기법을 가르쳤다.

실리콘 밸리의 악동 1

으앙~!
쾅

엄마!
스티브, 무슨 일이니?

엄마, 친구들이 내가 입양이라고 놀려!

스티브, 그게 무슨 소리야?

친구들이 진짜 부모가 날 원하지 않아서 입양 보낸 거래. 흑~!

앙.

스티브…

아니야,
그게 아니란다.
스티브.

친부모가 널 원하지 않은 게
아니라 우리가 널 특별히
선택한 거란다.

지, 진짜?

그럼, 너는 정말
특별한 아이야.

아…

스티브는 어릴 적에 자신이 입양아라는 사실을 알고 힘들어 했습니다. 그러나 양부모의 따뜻한 사랑으로 '특별한 아이'라는 믿음을 갖고 건강하고 호기심 많은 아이로 자랐습니다.

어린 시절의 스티브는 아빠와 함께 보내는 시간을 무척 좋아했습니다.

스티브는 입학하기 전부터 어머니께 글 쓰는 법을 배웠습니다.
A, B, C, D…
A, B, C, D…

글을 배운 스티브는 호기심 많은 아이답게 여러 책들을 읽기 시작했습니다.

그중에 〈지구백과〉란 책은 어린 스티브에게 많은 지식과 더불어 꿈을 심어주었죠.

하지만 초등학교에 들어간 스티브는 몇 년 동안 학교 공부에 흥미를 갖지 못했습니다.
A, B, C, D…
지겨워~ 알파벳은 이미 다 아는데….

그렇게 공부에 흥미를 잃은 스티브는 점점 말썽꾸러기로 변해갔습니다.
이거 어때? 재밌을 것 같지 않아?
굿 아이디어!

애 완 동 물 과
함 께 등교 하는날

우루루
꺅!
히히힝
마이갓!

어떤 날은….
모두 조용히 자습하세요.

스윽

크크크~

파 팡
팡

파 팡
파 팡
파 팡

크하하!
호호호!
으!
하하!
파 팡
팡

또 스티브가
꾸민 일이냐?!

도저히 못 참아!
스티브,
내일 아버님 모시고 왓!

다음 날, 스티브의 아버지가 학교에 오셨습니다.

교장 선생님은 화가 많이 났어요. 그동안 스티브가 학교에서 너무 많은 말썽을 부렸기 때문이죠.

도대체 아드님 교육을 어떻게 시키시는 겁니까!

스티브가 학교에서 얼마나 골칫덩어리인지 아세요?

스티브가 말썽꾸러기인 건 저도 인정합니다.

하지만 이 모든 게 스티브만의 잘못은 아니라고 생각해요.
옛?

학생이 수업에 흥미를 갖지 못하고 말썽만 피운다면 선생님들에게도 책임이 있는 게 아닐까요?

폴 잡스 씨가 맞는 말을 하셨네요.
철컥

이모진 힐 선생님….

지금부터 제가 스티브를 맡아보겠습니다.

훗날 '내 인생의 성자 중 한 분'이라고 존경을 표할 만큼 어린 스티브에게 많은 영향을 준 이모진 힐 선생님과의 만남은 이렇게 시작되었습니다.
안녕, 스티브.

이모진 힐 선생님은 머리 좋고 창조적인 스티브에게 필요한 건 동기를 부여해 주는 일이라고 생각했습니다. 그녀는 스티브가 공부에 흥미를 느끼려면 '확실한 대가'를 주는 게 가장 효과적이라고 판단하고 바로 실행에 옮겼습니다.

똑똑

부르셨어요? 선생님.

스티브, 이 수학 문제집을 풀어보지 않겠니?
예?

이 많은 문제들을 다 풀라고요?

만일 네가 문제들을 다 맞춘다면 이 막대사탕을 줄게.

지, 진짜요?

삼일 안에 풀면 보너스도 줄게.

오옷! 해볼게요!
약속 꼭 지키셔야 해요!

대박! 대박!
다
다
닷

이틀 뒤

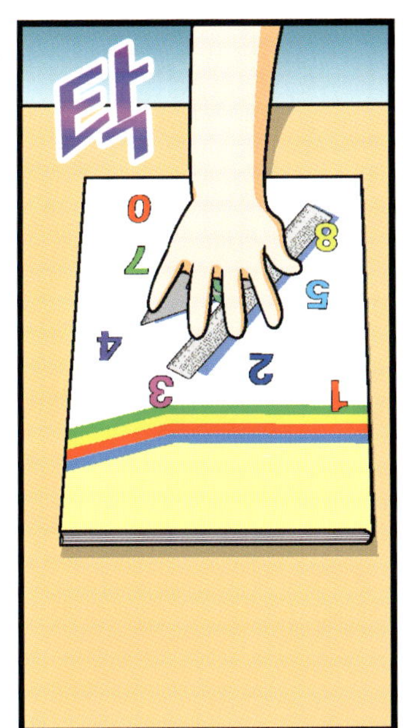

탁

헤헤~ 이모진 선생님,
다 풀었어요!

그래? 어디 정답을
확인해 볼까?

호호~

대단해!
딱 1개만 틀렸네.
헤헤~!

이건
약속한 막대사탕과
5달러!

신난다!

이것도
풀 수 있겠니?

이번에도 90점 이상이면 상품으로 카메라 키트를 줄게.

카, 카메라 키트!?!?
저 할게요!

그렇게 몇 달 동안 스티브는 열심히 수학 공부를 했습니다.

더불어 이모진 선생님이 주신 선물도 쌓여갔죠. 하지만 스티브가 단순히 보상만을 노리고 공부를 한 건 아니었어요.

스티브는 자신을 특별하다고 생각해 주는 이모진 선생님을 기쁘게 해드리고 싶었던 것이었습니다.
스티브, 오늘도 잘했어.
헤헤~!

이모진 선생님의 계획했던 '동기 부여 작전'은 대성공이었습니다.

스티브는 다시 공부에 흥미를 느꼈고 적극적으로 수업에 참여했으니까요.

선생님, 저요!

그러던 어느 날, 이모진 힐 선생님이 스티브의 집을 방문했습니다.

혹시 스티브가 또 말썽을 부렸나요?
선생님 덕분에 요즘에는 얌전히 공부만 한다고 생각했는데…, 혹시?

후후~ 아니에요. 따로 상의 드릴 게 있어서 방문했어요.

이번에 스티브가 수학 능력 평가를 받았는데,
스티브의 수학 능력이 고등학교 2학년 수준으로 평가됐어요.

네? 우리 스티브가 고등학교 2학년 수준이라고요?
놀랍군요. 공부를 열심히 하는 건 알았지만 그 정도일 줄이야.

그래서 말인데 이번에 스티브가 4학년을 졸업하면 바로 7학년으로 월반시키면 어떨까 해서요.

아…

하지만 아직 어린 스티브가 두 학년을 훌쩍 넘어 월반하면 너무 힘들지 않을까요?
그렇지. 2살이나 많은 형들과 같은 학급에서 공부하려면 꽤 어려움이 있겠어.

그렇기도 하네요. 그럼 한 학년만 월반시키는 게 좋겠어요.

하지만 월반은 스티브에게 많은 고통을 안겨 주었어요. 한 살 더 많은 아이들 사이에서 외롭게 지내야 했으니까요.

재가 그 꼬마 천재라며?

쳇~ 짜증 나!

6학년은 인근에 있는 크리텐든 중학교에서 수업을 받았는데 이곳은 불량 학생들이 가득한 험악한 곳이어서 싸움이 끊이질 않았습니다.

결국 부모님은 힘들어하는 스티브를 위해 이사를 결정했습니다. 빠듯한 살림에 무리한 이사였지만 스티브의 미래를 위해 결심한 것이었죠.

새로 이사한 이 집의 주차장은 훗날 애플 신화가 시작되는 곳이기도 합니다.

실리콘 밸리
(Silicon Valley)

잡스가 어린 시절을 보낸 실리콘밸리는 미국의 서해안 도시인 샌프란시스코에 인접한 계곡 지대로 세계 소프트웨어산업의 중심지입니다.

애플컴퓨터를 비롯하여 휴렛팩커드, 인텔, 마이크로소프트, 구글 등 세계를 주름잡는 IT 기업들이 탄생한 곳으로 유명하죠.

실력 있는 엔지니어들이 가득한 이곳에서 잡스가 컴퓨터에 관심을 갖게 된 건 우연이 아니랍니다.

실리콘밸리의 역사는 1939년 휴렛과 팩커드가 스탠퍼드 대학의 한 허름한 창고에서 사업을 시작한 데서 비롯됐습니다. 원래는 양질의 포도주 생산 지대였는데, 1953년 실리콘으로 된 반도체 칩을 생산하는 기업들이 대거 진출하면서 실리콘밸리로 불리게 되었습니다.

도시 인구의 43%가 20~44세의 연령층으로 이루어진 젊은 도시로 물가가 비싼 곳으로도 유명합니다.

불가능을 가능으로 만드는 힘

매킨토시를 개발하던 당시 잡스는 개발자들에게 이렇게 얘기했습니다.

"케이스는 모니터와 일체형이 되도록 하나의 플라스틱 부품으로 만들어야 하네."

하지만 직원들이 보기에 이러한 설계는 아무래도 무리였다고 생각했습니다.

"너무 복잡해서 불가능합니다."

직원들이 입을 모아 불가능하다고 말하자 잡스는 이렇게 말했습니다.

"절대 불가능하지 않아. 자네가 못한다면 할 수 있는 사람을 찾아보겠네."

그들은 결국 잡스가 원하는 대로 일체형 케이스를 만들어 냈습니다.

잡스는 부하 직원들에게 불가능해 보이는 일도 얼마든지 가능하다고 믿게 하는

재주가 있었습니다. 스티브 잡스는 '불가능' 이란 말을 제일 싫어하는 사람이었습니다.

잡스는 가능성을 치밀하게 계산을 한 후 직원에게 요구했습니다.

불가능하다는 말은 통하지 않았죠.

무리라고 투덜대도 뚝심을 가지고 밀어붙였습니다.

애플사의 직원들은 잡스 그림자만 봐도 경계하며 미친 듯이

방법을 찾아야만 했습니다. 또한 잡스는 가끔 직원들에게

농담을 건네면 긴장을 풀어주었습니다.

잡스는 특유의 카리스마로 직원들에게 자극과 용기,

그리고 격려를 불어넣었습니다.

실리콘밸리 외곽으로 이사 온 뒤 스티브 잡스는 무사히 중학교를 마치고 홈스테드 고등학교에 진학했습니다.

스티브의 주변엔 수학과 과학, 전자공학에 심취한 친구들이 많았습니다. 스티브는 특히 전자공학에 큰 관심을 보였습니다.

특히 휴렛팩커드(HP)가 만든 'HP 탐구자 클럽'은 스티브에겐 천국과도 같은 곳이었죠.

휴렛팩커드는 HP 탐구자 클럽을 통해 전자공학에 관심 있는 학생과 자사 엔지니어들의 만남을 주선했습니다. 미래의 유능한 엔지니어를 키워내기 위한 것이었죠.
우와~!

이 클럽에는 거대한 컴퓨터들이 가득했습니다. 특히 잡스는 9100A라고 불린 컴퓨터에 푹 빠졌습니다.
비록 계산기 수준이었지만 스티브에게 데스크톱 컴퓨터의 매력을 알려준 제품이었죠.
9100A

HP 탐구자 클럽에선 종종 학생들에게 개인 프로젝트를 진행시키곤 했습니다.
뭐로 할까?

당시 잡스는 전자신호 펄스를 초단위로 계산하는 주파수 계수기를 만들기로 했지만 부품이 부족해 애를 먹었습니다.
크윽!

잡스가 생각한 방법은 대담하게도 휴렛팩커드의 사장에게 직접 부품을 요청하는 것이었습니다.

뿐만 아니라 이 일을 계기로 주파수 계수기를 만드는 회사에서 일을 할 수 있게 되었죠.

고등학교 2학년 때에는 주말과 방학을 이용, 할테크라는 전자 기기 상점에서 재고품을 정리하는 직원으로 일하기도 했습니다.

가끔은 중고장터에서 칩이나 회로기판을 구입한 후 할테크의 매니저에게 되팔아 수입을 올리기도 했습니다.

스티브는 아버지가 주신 낡은 차가 있긴 했지만 그동안 모은 돈을 몽땅 투자해 자신의 힘으로 피아트 850 쿠페를 구입했습니다.
후후~ 나는야 능력자!
어느 날 스티브는 친구 빌을 통해 괴짜 천재를 알게 됩니다.
아참? 너 스티브 워즈니악이라는 이름 들어 봤어?
아니?
스티브, 너 또 선생님에게 혼났다며?
말도 마! 그놈의 규율과 권위의식 때문에 짜증 나!
우리보다 5살 많은 선밴데 너랑 이름도 같고 전자공학을 좋아하는 것도 닮았어. 게다가 장난치는 것도 좋아해서 너랑 잘 맞을 것 같은데 한번 만나볼래?
그래?

'워즈'라는 호칭으로 불리던 스티브 워즈니악은 어찌 보면 스티브 잡스보다 훨씬 더 개구쟁이였습니다.

워즈는 어릴 때부터 엔지니어인 아버지의 영향으로 전자공학에 푹 빠져 살았습니다.

한 번은 12학년 때 *메트로놈을 보고 엉뚱한 생각을 했습니다.

워즈는 메트로놈을 개조, 가짜 폭탄 장난감을 만들어 체육관 라커룸에 넣어두었고,

이를 발견한 선생님이 운동장에서 해체를 시도하는 소동이 벌어지게 되었죠.

*메트로놈 : 흔들이에 의해서 박자의 속도를 재는 박자 측정기로 악기를 연주할 때 이용한다.

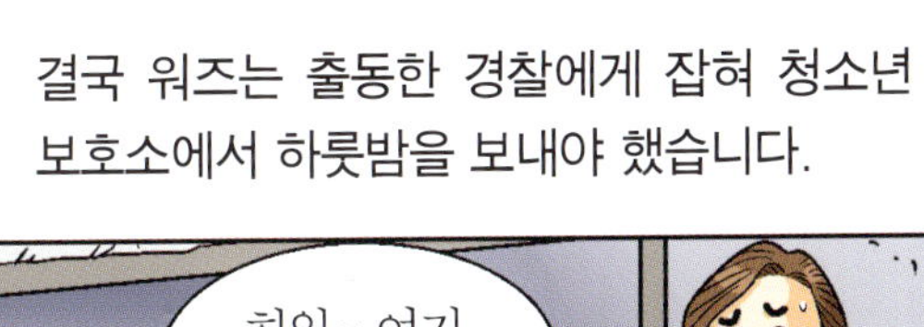
결국 워즈는 출동한 경찰에게 잡혀 청소년 보호소에서 하룻밤을 보내야 했습니다.

히잉~ 여기 너무 싫어.

워즈가 대단한 건 컴퓨터를 분해해서 분석 후, 절반의 부품으로 설계를 한다는 점이야.
진짜?

실제 제품이 아닌 종이에 그린 설계도이긴 하지만, 그걸 고3 때 만들었다는 게 중요하지.

얼마 전엔 나랑 함께 워즈의 설계로 컴퓨터도 완성했어.
우와~ 대박!

오늘, 우리 집 차고에서 만나기로 했으니까. 너도 와. 소개시켜줄게.
오예~!

그날 밤 스티브 잡스와 스티브 워즈니악, 두 천재의 역사적인 만남이 이루어집니다.

이렇게 만난 두 명의 스티브는 처음 만났지만 전자공학이라는 공통된 관심사 덕에 밤새도록 이야기꽃을 피웠습니다.

보호소에 있을 때 전선을 창살에 연결해서 교도관을 감전시켰지.

하핫! 대단해!

스티브는 자기보다 전자공학에 대해 잘 아는 워즈에게 단번에 매료되었죠. 워즈 역시 전자공학과 장난을 좋아하는 잡스를 마음에 들어했습니다.

그렇게 친해진 두 명의 스티브가 벌인 첫 사업은 음반을 불법 복사해서 파는 것이었습니다.

둘은 당시에 가장 인기가 높은 *밥 딜런의 앨범을 테이프에 복사해 팔았습니다.

1971년 어느 날 둘은 새로운 사업을 생각합니다.

1971년에 잡지 에스콰이어는 '작은 블루박스의 비밀'이란 제목의 기사를 내보냈습니다. 드래퍼라는 기술자가 시리얼 박스에 사은품으로 들어 있는 호루라기가 2600Hz(헤르츠)의 소리를 낸다는 것을 알아냈고, 이를 이용하면 전화가 연결되어 있어도 전화국은 통화가 끊긴 것으로 인식해 요금이 부과되지 않는다는 내용이었죠.

*밥 딜런(Bob Dylan) : 미국의 전설적인 가수로 화가이자 시인이기도 하다.

신호 생성기랑 주파수 계수기를 이용해서 만들었는데 계속 실패네.
아무래도 신호가 불규칙하게 재생되는 게 문제인 것 같아.

공짜로 전화를 할 수 있다는 블루박스에 관한 기사는 많은 화제를 불러일으켰습니다. 하지만 그 누구도 블루박스의 디지털 버전을 직접 만들려고 시도하진 않았죠.
스티브와 워즈는 달랐습니다. 그들은 도전을 두려워하지 않았어요. 두 스티브는 거듭된 실패에도 포기하지 않았고 마침내 제대로 작동하는 디지털 블루박스를 완성했습니다.
야호!
드디어 완성!
하하핫! 디지털 블루박스를 만든 사람은 우리가 최초라고!

좋아, 누구에게 장난전화를 걸까?
바티칸! 교황에게 전화를 걸자!

바티칸?! 교황?!
이런 기회 아니면 우리가 언제 교황하고 통화를 하겠어!

그러나 그들의 장난전화는 실패로 끝났습니다.
네? 지금 바티칸은 새벽인지라 교황님을 바꿔줄 수가 없다고요?
크크~ 시간차를 깜빡했네.

스티브 잡스는 디지털 블루박스 제작을 단순히 호기심 차원에서 끝낼 생각이 없었습니다. 그는 이 놀라운 제품을 팔아 돈을 벌 궁리를 하기 시작했습니다.
이 멋진 제품을 이대로 썩힐 순 없어. 블루박스를 팔아보는 건 어때?
팔자고? 얼마에?

부품비가 개당 40달러니까 우리 인건비와 기타 비용을 고려해서….

블루박스 한 대당 150달러에 팔자!
굿!

둘이서 만든 블루박스 100대는 순식간에 다 팔릴 만큼 큰 인기를 얻었습니다.
BLUE BOX 150 $
SOLD OUT

그러던 어느 날 스티브는 스낵바의 손님들에게 블루박스에 대해 설명을 했고 그 중 한 사내가 큰 관심을 보였습니다.
오~ 이게 진짜라면 나처럼 장거리 전화를 자주 하는 사람에겐 아주 딱인걸.
성능은 최고예요. 벌써 100대 넘게 판 제품이라고요.

바로 살게. 돈을 줄 테니 내 차로 가자.
오예~!

하지만 사내는 강도로 돌변, 돈 대신 총을 꺼내 스티브를 위협했습니다.
좋은 말로 할 때 블루박스 내놔!
헉!

여, 여기요.

내 전화번호다.
TEL 95

나중에 이 번호로 전화해. 물건이 제대로 작동한다면 돈을 줄 테니.

……
부우웅

스티브, 진짜 전화할 거야?

당연하지! 돈이 얼마인데 그걸 포기해.

며칠 뒤 스티브는 강도에게 전화를 걸었습니다.
여보쇼, 강도 아저씨. 블루박스 상태는 확인했나요?

그렇지 않아도 전화 기다렸어.
전에 들은 조작 방법을 까먹어서 테스트를 못했거든.

다시 만나서 사용법을 알려준다면 바로 돈을 줄게.
쳇!

좋아요, 그럼 내일 아침 XX공원에서 만나요. 사용법을 자세히 설명할 테니 블루박스값 150달러는 반드시 챙겨서 오라고요.

스티브, 내일 가지 않는 게 좋겠어.
무슨 소리야? 물건값을 준다는데?
150달러 때문에 네가 위험에 빠지는 건 못 보겠어.
……
이게 다 불법 기계를 만든 탓이야. 강도에게 당해도 신고를 할 수 없잖아.
자칫해서 경찰에게 끌려가는 일은 피해야겠지.
그날 밤, 스티브 잡스는 고민에 빠졌습니다.
그래, 앞으론 혁신적인 제품을 만들어서 합법적으로 팔자!

워즈, 네 말대로 오늘 가지 않겠어.
잘 생각했어.

이번 일로 깨우친 게 많아.
응? 뭔데?

비록 불법이긴 했지만 우리는 누구도 시도 안 한 디지털 블루박스를 완성했고 또 상품화 했어.
!!

우린 능력이 있어!
앞으로 디지털 세상에 맞는 제품, 작지만 강력한 기기를 만든다면 분명 성공할 수 있어!

너의 엔지니어링 기술과 나의 비전이 합쳐지면 우린 세상을 바꿀 수 있는, 혁신적인 제품을 만들 수 있을 거야!
좋았어! 스티브, 우리 뭔가 한번 해보자!

휴렛 팩커드와 잡스

휴렛팩커드(Hewlett-Packard Company)

휴렛팩커드는 실리콘밸리 신화의 시작을 알린 회사입니다. 휴렛팩커드의 성공을 기점으로 해서 수많은 첨단 IT 기업들이 모여들었고 지금의 실리콘밸리가 완성될 수 있었습니다.

HP란 약자로 널리 알려진 휴렛팩커드는 전 세계 170여 개국에 지사를 두고 있는 컴퓨터 사무기기 전문의 초우량 글로벌 기업입니다. 이 회사는 1939년 빌 휴렛(Bill Hewlett)과 대학 동문인 데이비드 팩커드(David Packard)가 차고를 빌려 음향발진기를 생산해낸 것이 시초가 되었습니다. 두 설립자가 최초로 연구를 시작했던 이 차고는 이후 '실리콘밸리 탄생지'라는 유적지가 되었습니다.

휴렛팩커드(HP)는 설립 50년 뒤 전자 측정과 컴퓨터 및 주변기기, 광학기기 분야를 아우르는 초우량 글로벌 기업이 됐고, 1995년엔 경제 잡지 〈포브스〉의 '올해의 기업'에 선정되기도 하였습니다.

마법의 화술

스티브 잡스는 현장 엔지니어들에게 항상 가혹한 요구를
하는 것으로 유명했습니다. 모두가 불가능하다고 해도 된다는 가정 하에
엔지니어들을 한계까지 몰아붙였습니다.
잡스는 기본적으로 상대를 강하게 질책하는 독설가였습니다.
엔지니어들이 제품 개발을 위해 며칠을 밤새워 일해도 성과가 없다면
잡스는 바로 날카롭게 지적했습니다.
"처음부터 다시 생각해 보라고. 우리가 추구하는 건 말이지…"라는 말을 시작으로
장시간 열변을 토한 후 다음과 같은 말로 엔지니어들의 기를 죽였습니다.
"왜 이렇게 밖에 못하지? 이래서는 도저히 만족할 수가 없어."
이쯤 되면 직원들은 바로 좌절에 빠지게 되죠.
하지만 잡스가 상대를 이처럼 밀어붙이기만 했다면 지금의 애플은
존재하지 않았을 겁니다.
잡스는 마지막에 꼭 이런 말을 덧붙여 마음을 흔들어 놓았습니다.
"자네라면 분명이 더 잘할 수 있어! "
이 말을 들은 부하 직원들은 잡스에게 인정받고 싶어
더 열심히 일했습니다.
잡스는 인간의 심리를 이용한 마법 같은 화술로
직원들의 능력을 최대한 뽑아내는 재능을 갖고 있었습니다.

3
개인용 컴퓨터를 꿈꾸다

1972년 가을, 스티브 잡스는 오리건 주 포틀랜드에 있는 리드대학에 입학했습니다.
대학이라고 해도 크게 배울 건 없군. 재미없어.

스티브는 학과 공부보다 도서관에서 불교와 힌두교, 요가 등의 책을 읽으며 시간을 보냈습니다.
옴~
쟤 뭐니?
거지 아냐?

스티브는 대학교 1학년 때 프랜시스 무어 라페의 '작은 지구를 위한 식습관'과 아르놀트 에렛의 '디톡스 식습관의 치유 체계' 등을 읽으면서 야채와 과일만 먹는 채식에 빠져들었습니다.
오옷~! 이런 책이?
저자 프랜시스 무어라페
작은 지구를 위한 식습관

스티브는 채식 위주의 식단과 단식으로 몸을 깨끗이 해야 한다고 생각했습니다. 이때부터 잡스는 자신만의 독특한 식문화와 건강관리 원칙을 세우고 지켜나갔습니다.

같은 해 스티브 잡스는 획일적인 교육방식에 회의를 느끼고 대학교를 중퇴했습니다.

비록 중퇴는 했지만 스티브는 입맛에 맞는 과목을 골라 몰래 수업에 들어갔어요. 특히 그는 글자를 아름답게 쓰는 기술인 '캘리그래피' 강좌를 제일 좋아했습니다. 이 수업은 훗날 스티브가 애플 컴퓨터를 만드는데 많은 영향을 끼치게 됩니다.

그렇게 2년간 대학 근처에서 자유롭게 생활하며 공부를 하던 스티브는 1974년에 부모님 곁으로 돌아갔습니다.

집에 돌아온 스티브 잡스는 인근 공장에서 돈을 벌기 시작했어요. 그렇게 번 돈으로 그는 인도 순례여행을 떠났죠.

스티브는 7개월간 인도에서 동양사상과 선불교를 공부하고 실천하며 나름의 깨달음을 얻고 귀국을 했습니다.

다시 고향에 돌아온 스티브 잡스는 워즈와 함께 본격적으로 사업을 시작했습니다.

남들이 3개월 넘게 걸리는 작업을 스티브와 워즈는 4일 만에 끝냈어요.

홈브루 컴퓨터 클럽은 전자공학의 열광자들과 회로, 컴퓨터 장치를 조립하는 데 취미를 가진 사람들이 모인 비공식 그룹이었습니다.

비록 취미로 모인 클럽이었지만 수준은 매우 높았습니다. 회원들은 컴퓨터나 다른 기술적인 주제들에 토론을 벌였고 회로도나 프로그래밍 팁을 교환하기도 했습니다.

또한 회원들은 비디오게임, 호텔용 유료 영화, 공학 계산기 설계, 텔레비전 단말기 설계 등 새로운 사업 아이템에 대해서도 자주 이야기를 나누었어요.

워즈는 이곳에서 *마이크로프로세서를 보고 큰 영감을 받았습니다.

*마이크로프로세서(microprocessor) : 컴퓨터의 중앙 처리 장치의 기능을 한 개의 칩에 집적한 것

당시 워즈는 키보드와 모니터를 갖춘 탁상용 컴퓨터(지금의 개인용 컴퓨터)를 구상 중이었습니다.

그때까지의 컴퓨터는 *천공카드로 입력하고 자기테이프나 종이로 출력하는 시스템이었습니다.

워즈는 마이크로프로세스를 기반으로 한, 훗날 애플 I 이 될 컴퓨터의 설계에 들어갔습니다.

*천공카드 : 일정한 자리에 몇 개의 구멍을 내어 그 짝 맞춤으로 숫자와 글자, 기호를 나타내는 카드.

하지만, 당시에 마이크로프로세서의 가격은 매우 비쌌습니다.

워즈는 몇 달간 소프트웨어를 개발하고 설계를 변경해가며 컴퓨터를 만들었습니다.

오랜 작업 끝에 드디어 프로토타입의 컴퓨터가 완성되었죠.

크핫하하!
난 천재다!
천재!

1975년 6월 29일, 워즈는 결국 키보드로 글자를 쳐서 화면에 띄우는 데 성공합니다. 지금 보면 우습게도 느껴지는 이 작업은 컴퓨터 역사에 있어 매우 중요한 사건이었습니다. 다름 아닌 세계 최초의 개인용 컴퓨터(PC)가 탄생한 순간이었으니까요.

이 소식을 접한 스티브 잡스는 흥분한 상태로 워즈를 찾아가 이것저것 질문을 퍼부었어요.

엄청난 일을
꾸몄네!

크크크~!

이 컴퓨터로
네트워크도
연결될까?

메모리는? 저장 장치는 뭐야?

굉장한
설계도네!

그 다음 날부터 스티브는 워즈가 필요로 하는 부품을 구해왔어요.
부품 왔어!

비싼 인텔의 D램 칩도 전화 몇 통을 하더니 공짜로 얻는 등 스티브는 수완이 좋았습니다.
인텔의 D램 칩이야, 이제 부품은 모두 모은 건가?
오옷!
이 비싼 D램을!

그렇게 완성된 컴퓨터를 홈브루 클럽에서 공개하자 회원들은 엄청난 관심을 보였습니다.
개인용 컴퓨터 '워즈'
오~!
어떻게 만들었어요?
빨리 와! 개인용 컴퓨터래!
개인용 컴퓨터?

휴~ 사람들 반응이 어마어마했어.
그러게, 넌 천재야!

이제 앞으로 홈브루 클럽의 모토인 '나눔'을 실천할 수 있게 됐어.
나눔? 그게 무슨 소리야? 워즈?

블루박스와 개인용 컴퓨터를 홈브루 클럽의 회원들에게 무료로 나눠줄 거야.
뭐라고?

기술 공유가 홈브루의 모토니까 당연하잖아.

워즈, 취지는 좋지만 그렇게 고생해서 만든 블루박스와 컴퓨터를 공짜로 준다는 건 말도 안 돼!

난 홈브루에서 많은 걸 무료로 배웠어. 지금은 내가 나눠줄 차례야.
!!

흠…

좋아, 그렇다면 워즈의 뜻대로 해.
정말?

*인쇄 회로기판 : 전기적 부품들이 납땜되는 얇은 판. 컴퓨터에 사용되는 회로는 이 인쇄 회로기판에 설치된다.

두 사람은 최고의 파트너였습니다. 워즈는 당시를 회상하며 '자신이 뭔가 아이디어를 떠올리면 스티브는 그걸로 수익을 올릴 수 있는 방법을 찾아내곤 했다.'고 말했어요.
둘은 말 그대로 죽이 척척 맞는, 환상의 콤비였던 것이죠.

*아타리 : 1972년에 창업한 세계 최초의 비디오 게임 회사.

게다가 공장에 줄 선금 1300달러는 무슨 수로 준비해?
지금 나도 그렇게 큰돈을 구하기는 힘들어.
돈을 구해서 물건을 만든다고 쳐도, 잘 안 팔리면 정말 큰일이잖아.
워즈…

우리가 떼돈을 벌자고 이 사업을 시작하는 게 아니잖아.

중요한 건 이번 일을 통해 우리만의 회사를 갖게 된다는 거야.
!!

우, 우리만의 회사?

인쇄 회로기판을 다 팔지 못해서 손해를 좀 보더라도 우리 회사 하나는 남는 거잖아?

회사 설립에 필요한 초기 자본을 만들기 위해 워즈는 가지고 있던 전자계산기와 기계 등을 팔았고, 스티브 역시 자신의 폭스바겐 버스를 팔아 1500달러를 만들었습니다.

둘만의 컴퓨터 회사, 애플 컴퓨터의 신화는 이렇게 서서히 꽃피기 시작했습니다.

스티브 워즈니악

스티브 워즈니악(Steve Wozniak)

애플의 역사에서 절대 빠질 수 없는 한 사람인 스티브 워즈니악은 1950년 8월 11일에 캘리포니아 주 새너제이에서 태어났습니다. 워즈니악은 항공 기술자였던 아버지를 닮아 어려서부터 과학을 좋아했고, 특히 전자공학에 큰 애정을 갖고 있었습니다. 지능지수 200의 천재였지만, 워낙 천진난만하고 장난을 좋아하는 성격이어서 잡스랑 잘 어울릴 수 있었죠.

워즈니악은 전형적인 엔지니어로 사업보다는 기술에 관심이 많은 사람이었습니다. 당시 실리콘밸리에서 가장 큰 회사인 휴렛팩커드를 다니던 그는 창업에는 관심이 전혀 없었죠. 하지만 잡스의 끈질긴 설득으로 그는 휴렛팩커드를 관두고 애플사의 공동 설립자로 발을 내딛게 되었습니다. 애플 내에서 잡스와 워즈니악의 역할 분담은 확실했습니다. 잡스가 사업 전반을 지휘했다면 워즈니악은 기술자로 연구에 전념하는 식이었죠.

워즈니악이 개발한 애플Ⅱ는 그 이전까지만 해도 비싼 장난감 정도로만 여겨지던 PC의 위상을 획기적으로 변화시키며 '애플 신화'를 일궈냈습니다. 창립 4년 뒤인 1980년, 애플은 PC 100만 대 판매라는 위업을 달성했고, 그 해 12월 주식 공모를 통해 투자자들을 벼락부자로 만들었습니다. 지금도 워즈니악은 실리콘밸리에서 가장 유명하고 성공한 엔지니어로 손꼽히고 있습니다.

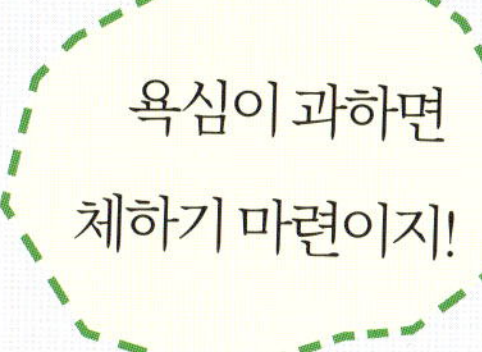

버릴 줄 아는 지혜

대개의 전자제품은 첨단 기능을 잔뜩 집어넣고 소비자들에겐 사용법이
적힌 설명서를 함께 제공합니다. 집에 있는 TV리모컨만 봐도 기능 버튼이
잔뜩 있죠? 대부분은 쓰지도 않은데 말이죠.
반면에 애플의 디자인은 매우 단순한 것으로 유명합니다.
매킨토시나 아이맥, 아이팟, 아이폰, 아이패드 모두가 매운 간소화된
디자인의 제품들입니다. 또한 두꺼운 설명서도 없습니다.
여기엔 잡스의 제품 철학이 담겨 있습니다.
잡스는 '더 복잡하게' 보다는 '더 단순하게' 가 더 훌륭한 발상이라고 생각했습
니다. 만든 사람만 이해하는 '기능 과다' 의 제품을 잡스는 매우 싫어했습니다.
'필요하고 중요한 것을 사용하기 쉽게 만드는 것' 이야 말로 잡스가 원하는
제품이고 디자인이었죠. 욕심 때문에 혹은 과시욕으로 이것도 넣고 저것도
넣다 보면 결국엔 복잡해지고 맙니다.
잡스는 불필요한 것은 과감히 버리고 '집중과 선택' 을 하는
지혜를 갖고 있었습니다.

애플의 탄생

스티브와 워즈는 자본금과 설계도면을 준비했습니다. 이제 남은 건 회사 이름뿐이었죠.

두 사람은 오랜 시간 동안 회사 이름에 대해 많은 고민과 상의를 했습니다. 그러던 어느 날….

크크크~
그건 너무 평범하잖아.
호호~
와
삭

!!
우
적
우
적

워즈,
애플 컴퓨터(apple computer)
는 어때?
애플?
부우웅

컴퓨터 회사라고
무조건 딱딱한
이름으로
지을 필요는 없잖아!
게다가 난 채소와 과일만
먹는데, 그 중 사과를
제일 좋아한다고!

에구~

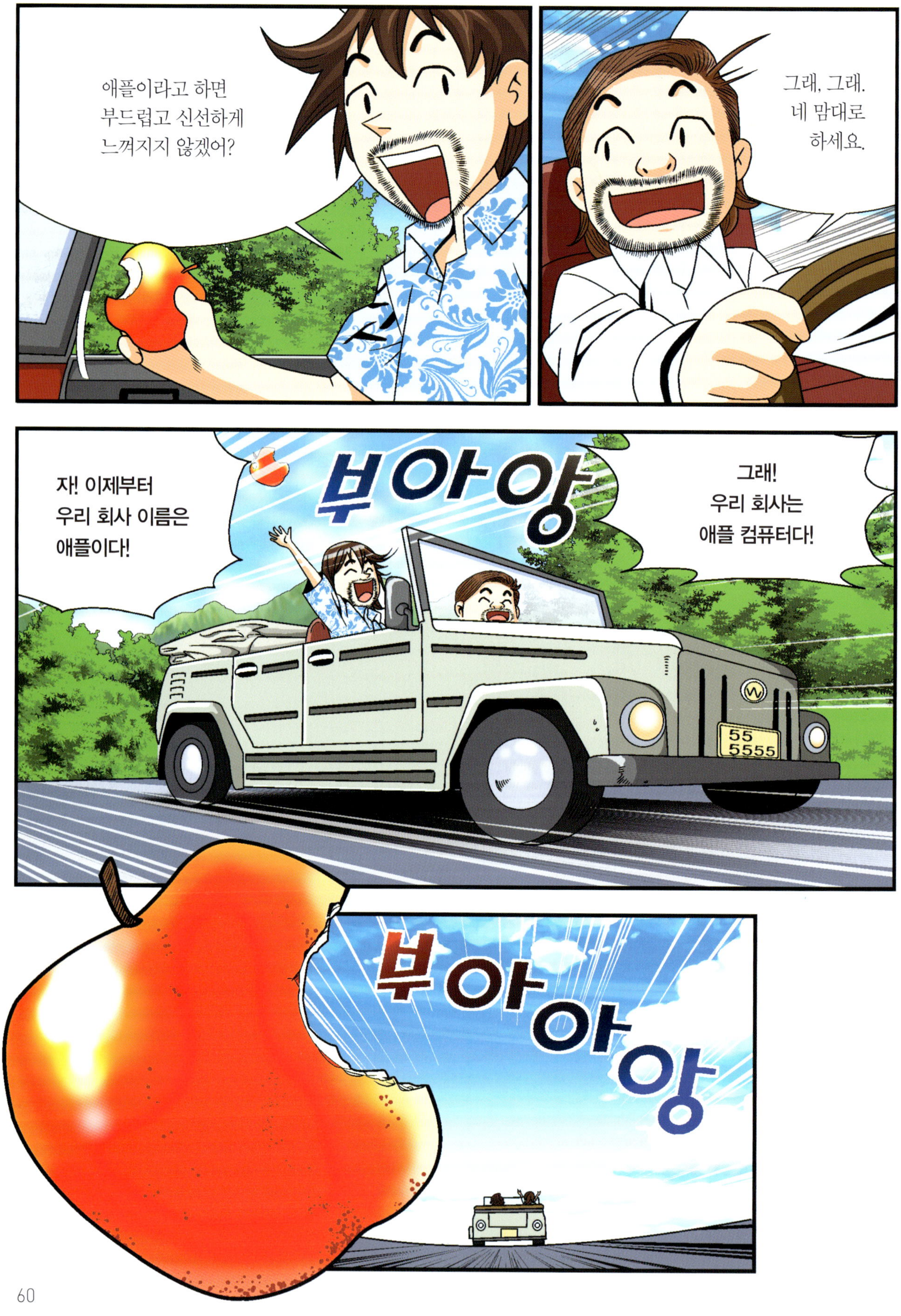

애플이라고 하면 부드럽고 신선하게 느껴지지 않겠어?
자! 이제부터 우리 회사 이름은 애플이다!
부아앙

그래, 그래. 네 맘대로 하세요.
그래! 우리 회사는 애플 컴퓨터다!

부아아앙

워즈, 인사해. 이번에 우리 회사에 사업 파트너로 참여하신 웨인 씨야.
사, 사업 파트너?

천재적인 엔지니어인 워즈 씨와 함께 일하게 되어 영광입니다.
처, 천재요? 과찬이십니다.

무슨 말씀을, 현재 HP사에서 제일 잘나가는 엔지니어 중 한 분이시잖아요.

하하, 그런가요?

당장 시급한 일은 워즈 씨가 만든 컴퓨터 설계도를 우리 애플 재산으로 만드는 겁니다.

예?

워즈 씨는 이번에 만든 컴퓨터 설계도를 소속사인 HP에 보고할 테지요?

워즈 씨는 자신이 만든 회로가 여러 사람들에게 사용되길 원하겠지만 HP사는 결코 허락하지 않을 겁니다.

그럴지도 모르겠네요. 하지만….
만일 저희 예상대로 HP사가 워즈 씨의 아이템들을 거부한다면 애플이 갖는 것으로 하죠.

알겠어요. 일단 전 회사에 보고를 할게요.

씨익

HP

둥―

워즈 씨, 그러니까 이것들이 당신이 이번에 고안한 아이템입니까?

네, 그렇습니다.

워즈씨, 이런 난잡한 물건이 우리에게 어떤 도움이 된다는 겁니까?

그, 그러니까 전 개인용 컴퓨터를….
긁적
긁적

개인용 컴퓨터?

하하핫!
하하핫!

워즈 씨, 개인용 컴퓨터가 왜 필요합니까?
도대체 개인이 컴퓨터로 무엇을 할 수 있습니까?

그, 그건….

워즈 씨, 이건 그냥 컴퓨터광이 취미로 만들 법한 물건이지 상품으로서의 가치는 전혀 없습니다.
이런 건 우리 회사에 전혀 필요 없는 물건입니다.

워즈 씨는 매우 실력 있는 엔지니어라고 들었습니다. 이런 쓸데없는 물건은 갖다 버리시고, 회사에 필요한 제품을 만들어주세요!

크윽~!

스티브와 웨인 씨의 말이 맞았어요.
HP는 일반인들이 컴퓨터를 쓰는 것 자체를 이해하지 못해요.
덕분에 애플 I 의 회로도를 뺏기지 않아 다행이야.

1976년 스티브와 워즈, 웨인 세 명이 사업 계약서를 쓰면서 애플 컴퓨터는 탄생했습니다.

하지만, 웨인은 계약서를 작성한지 11일 만에 지분을 포기하고 애플을 떠났습니다. 훗날 그는 성공에 대한 불안 때문에 버티기 힘들었다고 고백했습니다.

든든한 동업자였던 웨인이 회사를 떠난 힘든 상황에서도 스티브와 워즈는 자신들이 만든 회로기판을 완성해 홈브루 클럽에 공개했습니다.

이 기판엔 마이크로프로세서 8킬로바이트 메모리를 탑재했다고.
게다가 이 키보드는 수많은 표시등과 복잡한 패널을 대신하지.

그런데 인텔 8080보다 너무 싼 마이크로프로세서를 쓴 거 같은데?
!!
그러게, 부품들이 너무 싸구려야.
우글
우글
너희들 정말 바보구나!
?

비싼 인텔 마이크로프로세서를 쓰지 않고도 이런 멋진 제품을 만들어낸 게 진짜 기술이고 혁신이라고!

JOBS
BITE SHOP
ALL SALE
척

바이트숍의 폴테럴이오. 당신들의 제품에 관심이 있으니 연락 바랍니다.

와우!!

다음 날
다른 건 필요 없고 완벽히 조립된 완제품을 가져다주시오.
BITE SHOP
ALL SALE

완제품이요?
대당 500달러?
드디어
우리의 제품이
인정을 받은 거야!

컴퓨터 완제품 50대를
납품하면 대당 500달러씩
계산해서 그날로
결제해 주겠소.

50대?
그래
대당 500달러씩!

스티브는 우선 친구와 아버지를 통해 5000달러를 마련했습니다. 나머지 돈을 마련하기 위해 은행과 주변에 있는 컴퓨터 부품상을 돌아다녔지만 행색이 초라한 스티브에게 돈을 빌려주는 곳은 어디에도 없었습니다.

이곳저곳을 전전하던 스티브는 마침내 주문서를 확인시켜주면 부품을 제공하겠다는 부품점을 찾을 수 있었습니다.

어렵게 부품을 구한 스티브는 자신의 집 차고에 공장을 만들고 친구와 여동생까지 동원, 밤낮을 가리지 않고 작업에 몰두했습니다.

한 달 후 스티브는 50개의 회로기판을 바이트숍에 납품하고 돈을 받았습니다. 빌린 돈과 부품값을 갚고도 꽤 많은 돈이 남았죠.
예~! 우린 부자다!
오예~!

스티브는 남은 돈으로 다시 부품을 구해 50개의 회로기판을 더 만들어 홈브루 클럽 회원들에게 판매했습니다.
오늘만 할인!! 애플Ⅰ을 단돈 500달러에!!
……
우와! 정말?
와~!

홈브루 클럽에서 다시 50대의 애플Ⅰ을 판매한 스티브는 다른 소매점에 판매할 100대를 추가로 만들었습니다.
잠은 좀 재우면서 일 시켜라!
밥은 안 줘?

이번에 돈 좀 모았으니 이제부턴 부품값만 받고 파는 게 어때?
뭐? 원가에 팔자고? 제정신이야?

하지만 워즈 역시 자신의 의견을 굽히지 않았습니다. 둘은 실랑이 끝에 대당 666달러 66센트에 팔기로 결정했습니다.

애플Ⅰ은 유명 컴퓨터 잡지에도 소개되어 애플사의 이름을 세상에 알리게 되었습니다.

그 시기에 애플사의 초기 로고도 완성되었습니다. 지금과는 많이 다른 로고입니다. 애플Ⅰ의 작은 성공은 스티브와 워즈에게 애플Ⅱ를 만들 수 있는 힘을 주었습니다.

애플 컴퓨터의 역사 1

1976년

애플 최초의 컴퓨터 애플 Ⅰ

1976년에 발표한 〈애플Ⅰ〉은 애플 최초의 개인용 컴퓨터(PC)이자 상용제품이었습니다. 지금 기준으로 보면 볼품없는 나무 상자쯤으로 보이겠지만 당시엔 첨단 기능을 갖춘 획기적인 컴퓨터였습니다. 애플의 공동 창업자이자 엔지니어인 스티브 워즈니악이 설계하고 수작업으로 만들었습니다. 잡스는 〈애플Ⅰ〉을 컴퓨터 축제에 출품했습니다. 하지만 기대와 달리 많은 주목을 받지 못했습니다. 대기업들이 발표한 매끈한 스타일의 컴퓨터 사이에서 〈애플Ⅰ〉은 초라해 보이기까지 했습니다. 워낙 부족한 자금으로 만든 제품이었기에 디자인이라는 건 생각도 못했죠. 이를 계기로 잡스는 디자인에 큰 관심을 갖게 되었습니다.

1977년

애플Ⅱ

〈애플Ⅱ〉는 애플이 1977년에 발표한 개인용 컴퓨터입니다. 타자기 크기의 본체에 컬러 모니터를 갖췄고 모든 칩과 회로가 메인보드 한 장에 담긴 획기적인 컴퓨터였죠. 또 내부에 8개의 확장 슬롯이 있어 다양한 주변장치를 연결해 사용할 수 있다는 점도 굉장한 아이디어였습니다. 또한 〈애플Ⅱ〉는 최초로 플라스틱 재질을 사용한 컴퓨터이기도 합니다. 제품의 디자인을 중시한 잡스의 제안에 따라 매끈하고 세련된 플라스틱 재질의 흰색 본체를 갖추게 된 것이죠. 이처럼 성능과 디자인, 두 마리 토끼를 잡은 〈애플Ⅱ〉는 큰 성공을 거두어 1993년까지 총 500만 대가 넘게 팔렸습니다. 〈애플Ⅱ〉는 애플 신화의 시작을 알린 제품이라고 할 수 있습니다. 〈애플Ⅱ〉의 성공으로 애플은 많은 투자를 받을 수 있었습니다. 스티브 잡스는 돈방석에 앉은 젊은 CEO가 되었죠.

철두철미한 성격

애플의 디자인 부분 책임자인 조너선 아이브는 이렇게 말했습니다.

"다른 회사와는 차별화되는 애플의 업무 특징을 꼽자면

아주 작은 부분까지 신경을 쓴다는 점입니다."

애플의 이런 특징은 잡스의 업무 스타일이 반영된 탓입니다.

잡스는 매킨토시를 개발할 때 흠집이 잘 나지 않고 햇빛을 받아도

변색되지 않는 베이지색을 케이스 색으로 정했습니다.

또 모양은 일반적인 컴퓨터 형태인 가로형이 아니라

세로형으로 설계할 것을 요구했습니다.

"좀 더 곡선미를 드러내시오.", "모서리를 더 매끈하게 처리하시오."

잡스는 여러 가지 세세한 요구사항을 주문하여 몇 개월에 걸쳐

수정을 하게 만들었습니다.

전원 스위치도 잡스가 신경을 많이 쓰는 부분이었습니다.

사용자가 실수로 누르게 되는 일이 없도록

뒷면에 스위치를 설치했고 또 손으로 더듬어 찾기 쉽게

주변을 매끄럽게 처리했습니다.

이처럼 잡스는 제품의 설계부터 포장까지 일일이 관여했습니다.

잡스는 보통 사람들이 잘 신경 쓰지 않는 부분까지 관여해

원하는 상품이 나올 때까지 결코 만족하지 않았습니다.

혁신의 시작

1976년, 뉴저지의 한 호텔에서 제1회 개인용 컴퓨터 축제가 열렸습니다.

이 축제에 스티브와 워즈는 애플 I 을 들고 참여했습니다.

이상하네,
왜 우리 부스만
사람이 없지?
그, 글쎄….

저긴 사람들이
엄청 많아.
도대체 어떤 컴퓨터를
전시하기에….

구경이나
해볼까?

!!

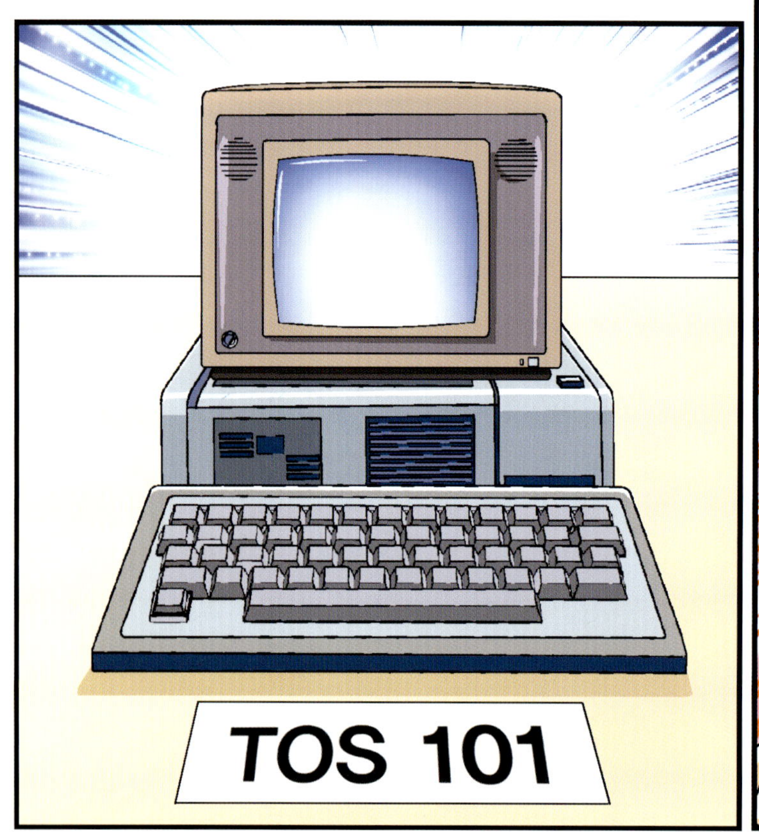

TOS 101

이번 행사는
망했다!!

전시장에 우리 애플 I보다 성능이 더
뛰어난 제품은 없었어!
HOTEL

그런데도 다른 부스에
사람들이 몰리는 건 그럴듯해
보이는 외관 때문이라고!
그럼 우리도 그렇게
만들면 되잖아.

그 뒤 스티브는 케이스 디자인을 얼마 전 애플을 관둔 웨인에게 맡겼습니다.

디자인이 나오자 스티브는 홈브루 클럽 회원인 플라스틱 기술자에게 애플 II의 케이스 시제품을 의뢰했습니다.
시제품을 만들려면 시간이 얼마나 걸리겠어요?
글쎄~ 한 달 정도?

오케이~!
일주일 안에 만들면 1500달러를 줄게요!

스티브는 다음으로 로드 홀트라는 유명한 엔지니어를 만나 애플 II에 들어갈 전원 장치를 의뢰했습니다.
컴퓨터에 들어가는 전원 장치를 만드는 일은 만만치 않은 작업이오.
많이 젊은 것 같은데 당신이 사장 맞소?

난 몸값이 꽤 비싼 사람입니다. 당신네 회사 돈 많아요?

솔직히 신생 회사라 자금 사정이 넉넉하진 않습니다. 하지만 저희 애플은 능력 있는 사람에겐 돈을 아끼지 않는 회사입니다.

아~!

홀트가 만든 스위치 방식 전원 공급
장치는 오늘날 모든 컴퓨터들이 채택
할 정도로 획기적인 제품이었습니다.

이일을 계기로 홀트는 애플에 입사하고
능력을 마음껏 발휘하게 됩니다.

그렇게 애플 II 완제품의 윤곽이
잡혀갈 때쯤 워즈와 스티브의
다툼이 잦아졌습니다.

슬롯(slot) : 개인용 컴퓨터에서 별도로 추가할 장치를 끼워 넣는 자리.

평소 웬만한 일은 이해하고 양보하는 워즈였습니다만 이번 만큼은 스티브도 그의 고집을 꺾을 수가 없었죠.
알았어, 워즈! 슬롯 8개, 8개!
진작 그럴 것이지.

애플 II 를 생산하기 위해 많은 자금이 필요했던 스티브는 여러 곳에 투자를 권유했지만 모두 거절당하고 말았습니다.
이번 제품은 혁신 그 자체입니다!

?
제품보다 먼저 당신 외모부터 혁신을 해야겠소.

투자받으러 다니는 사람 몰골이 원….
끙~

그때 스티브는 지인의 소개로 마이크 마쿨라라는 젊은 투자가를 만나게 됩니다. 마쿨라는 인텔 퇴사 후 주식을 팔아 부자가 된 친구였습니다.

마쿨라는 직접 애플 본사(?)인 차고로 찾아가 스티브와 워즈를 만났습니다.
어서 오세요. 여기가 애플 본사입니다.
아… 네…

회사는 비록 초라했지만 마쿨라는 애플Ⅱ와 두 스티브의 열정과 비전을 보고 큰 감명을 받았습니다. 마쿨라는 애플이 대단한 컴퓨터를 만들 수 있다고 확신했죠.
이게 바로 애플Ⅱ입니다.
대단하군요.

우리 애플사에 투자하시겠습니까?

흠…

그것보다 먼저 애플을 주식회사로 전환시키는 건 어떨까요?

주식회사요?

제가 회사 지분의 3분의 1을 받는 조건으로 최고 25만 달러까지 은행의 대출 보증을 서겠습니다.
그리고 주식회사로 전환하면 각자 공평하게 주식을 나눠 갖죠.

오~ 역시 전문가!!

애플이 주식회사로 바뀌는 동안 워즈는 HP사를 그만두게 됩니다.
국제
HP

사실 워즈는 HP사를 그만두고 싶지 않았습니다. 간부가 되어 사람들을 부리는 것에 부담을 느꼈기 때문이죠. 하지만 바쿨라와 스티브의 설득에 애플에 모든 것을 쏟아붓기로 결심을 하고 HP를 떠난 것이었습니다.

1977년 1월 3일, 드디어 애플 컴퓨터 주식회사가 공식 출범했습니다.

스티브는 애플의 브랜드를 키워야겠다고 생각했습니다. 그래서 실리콘밸리에서 가장 유명한 홍보전문가인 레지스 매케나에게 작업을 의뢰했고 어렵게 승낙을 받아냈습니다.

홍보를 맡은 매케나는 먼저 팸플릿에 들어갈 애플의 회사 로고부터 바꾸자고 건의했습니다.

스티브는 디자이너 롭 자노프에게 새로운 애플 로고를 의뢰했습니다.

세계에서 가장 유명한 사과 로고는 이렇게 탄생했습니다.
이제 만족합니까?
이제 잠 좀 자도 되겠소?
NEW APPLE
굿! 굿!!
APPLE
®

만만의 준비를 끝낸 스티브, 이제 애플 II를 세상에 내놓을
일만 남았습니다.
APPL

1977년 4월, 스티브는 샌프란시스코에서 열리는 컴퓨터 박람회에 애플 II 를 가지고 참가했습니다.

박람회 당시 완성된 애플II는 단 3대였습니다. 하지만 스티브는 수량이 충분하고 큰 회사인 것처럼 보이기 위해 부스 뒤쪽에 빈 박스를 잔뜩 쌓아올리는 재치를 발휘했습니다.

또한 거금을 주고 전시장 제일 앞쪽에 부스를 마련했습니다. 스티브는 애플II가 성공하리라는 믿음을 가지고 이번 박람회에 승부수를 던진 것이었습니다.

박람회가 개장하자 문 앞에 줄지어 기다리던 많은 사람들은 누구라고 할 것 없이 애플 컴퓨터의 애플II에 몰려들었습니다.

관람객들은 최초로 플라스틱 재질을 사용한 컴퓨터인 애플II를 보고 많은 관심을 보였고 강력한 성능에 큰 환호를 보냈습니다.

금속 케이스가 아닌 강화 플라스틱으로 본체를 세련되게 디자인한 애플II는 최고의 화젯거리였죠. 게다가 월등한 성능과 확장성까지 갖췄기에 사람들은 앞다투어 애플II를 예약 주문하기 시작했습니다.

이날 박람회에서 일본인 사업가가 처음으로 애플 II 의 예약 주문서에 사인을 했습니다.

이를 시작으로 박람회 하루 만에 애플 II 는 300대의 주문 계약을 받는 쾌거를 이루었습니다.

애플 II 의 성공으로 애플 컴퓨터는 큰돈을 벌었습니다. 또한 여러 회사에서 투자를 받아 애플은 업계에서 주목을 받는 신흥 강자로 떠오르게 되었습니다.

애플 컴퓨터의 역사 2

1980년

애플 Ⅲ

1980년에 야심차게 발표한 〈애플 Ⅲ〉는 큰 기대를 모았습니다. 하지만 〈애플 Ⅲ〉는 세계 최대의 컴퓨터 업체인 IBM을 의식, 개발이 급하게 진행된 탓에 오류 수정이나 품질 테스트가 제대로 이루어지지 못했습니다. 이런 이유로 〈애플 Ⅲ〉는 고장이 잦았습니다. 게다가 가격도 비쌌기 때문에 결국 소비자의 외면을 받아 실패작이 되고 말았습니다.

1983년

리사

1983년에 출시된 〈리사〉는 개인용 컴퓨터 중 최초로 그래픽 사용자 인터페이스 시스템인 GUI 운영체제를 탑재했습니다. 그 외에도 본체와 모니터가 일체화된 디자인, 확장 가능한 메모리 슬롯, 외장형 하드디스크 드라이브 등 〈리사〉는 당시의 컴퓨터로서는 획기적인 기능을 갖췄습니다. 하지만 당시의 CPU는 GUI 운영체제를 움직이기에는 너무 느려서 사용자의 불만을 샀습니다. 또한 가격도 천만 원이 넘었기에 많이 팔리지 않았습니다.

1984년

매킨토시

1984년 1월에 출시된 〈매킨토시〉의 장래는 어두워 보였습니다. 당시엔 IBM PC 및 IBM 호환 PC가 시장을 지배하고 있었기 때문이죠. 하지만 공격적인 마케팅과 전용 레이저 프린터 및 출판 편집용 소프트웨어를 출시해 출판 및 교육 분야에서 좋은 반응을 얻었습니다.

사고의 자유로움

애플이 계속 성공을 거두자 IBM은 이를 견제하기 위해
싸고 성능이 좋은 컴퓨터를 출시했습니다.
당시의 애플은 아직 작은 회사였습니다.
반면에 IBM은 애플에 비해 매출액이 200배나 높은 그야말로
공룡과도 같은 존재였습니다.
누가 봐도 이는 코끼리와 개미의 싸움이었습니다.
하지만 잡스는 기가 죽지 않았습니다.
'해군에 들어갈 바에는 해적이 되자!'
잡스는 이와 같은 구호를 내걸고 더욱 제품 개발에 매진했습니다.
'해군'은 IBM, '해적'은 애플을 상징하는 것이었죠.
해군은 군대입니다. 규칙과 엄격한 서열을 중시하는 집단으로
창조적이지 못한 일을 하죠. 반대로 해적은 아주 자유로운 집단입니다.
규칙에 얽매이지 않고 자유롭게 사고하고 아이디어를 뽑아낼 수 있죠.
잡스는 이처럼 사고의 자유로움을 강조했습니다.
또한 좋은 아이디어가 있으면 일일이 테스트를 하거나
절차를 밟을 필요 없이 재빨리 실천에 옮긴다는
실용주의 의미도 있었습니다.

시련 그리고 실패 6

애플‖는 개인용 컴퓨터 붐을 일으키며 날개 돋친 듯이 팔려나갔습니다(1977년 2500대, 1981년 21만 대, 그리고 1993년까지 총 500만 대 이상 판매).

애플 컴퓨터는 애플‖의 대성공으로 인해 비약적인 발전을 하게 되었습니다.

본사 건물과 공장을 새로 지었고 직원도 어마어마한 수로 늘어났습니다. 또한 투자가들은 애플에 투자하기 위해 줄을 섰습니다.

1979년, 스티브는 애플 II의 성공에 안주하지 않고 다시 새로운 컴퓨터를 구상했습니다.
애플 II를 뛰어넘는 컴퓨터를 만듭시다!
와
와
와
와

여러 프로젝트가 진행되는 가운데 한 팀장이 제록스의 PARC 연구센터 방문을 권유했습니다.
에구 머리야~. 역시 새로운 컴퓨터 개발은 쉽지 않아.
머리도 식힐 겸 제록스 PARC 연구센터에 가보는 건 어떨까요? 재밌는 제품들이 많다고 들었어요.

제록스가 만든 PARC 연구센터는 그 당시 최첨단 디지털 기술을 개발하던 곳이었습니다.
PARC
PARC
제록스 산하 연구소

이미 애플 컴퓨터는 PARC 연구센터의 신기술을 보여주는 조건으로 제록스와 100만 달러 규모의 투자 계약을 했기 때문에 방문이 어렵지도 않았습니다.
내 조건은 단 하나요. PARC 연구센터의 신기술을 언제든지 구경할 수 있는 것.
그 정도 조건이라면 얼마든지 들어드리지요.
애플
제록스

PARC 연구센터의 마우스를 보고 영감을 얻은 스티브는 애플만의 기술을 접목시켜 더 완벽한 제품을 만들었습니다.

이렇게 만들어진 마우스는 개발 중인 새로운 컴퓨터에도 접목되었습니다.

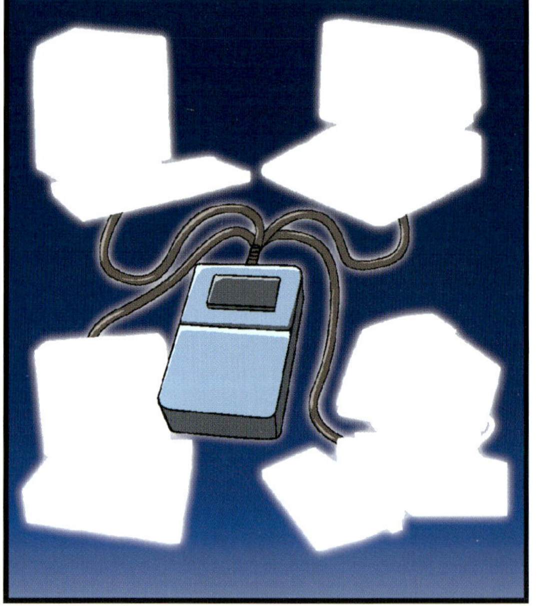

스티브는 많은 프로젝트 중 리사와 매킨토시, 두 개를 우선으로 진행시켰습니다.
리사를 먼저 출시하고 다음은 매킨토시 차례다!

그즈음 워즈가 경비행기 사고로 큰 부상을 당했습니다.
삐뽀
삐뽀
AM

더욱이 이 사고로 워즈는 일시적인 기억상실증에 걸리고 말았죠.
워즈, 괜찮은 거야?
난 누구~ 여긴 어디?
저 양반 원래 저렇잖아.
그러게.

기억상실증에서 어느 정도 회복되었지만 워즈는 온전한 상태가 아니라고 판단, 조만간 회사를 떠날 결심을 하게 됩니다.

1983년 1월에는 스티브의 야심작인 리사가 출시되었습니다.

하지만 비싼 가격의 리사는 기대보다 판매가 많이 부진했습니다. 더욱이 애플II와 호환이 되지 않아 사람들의 원성을 많이 들었죠.

리사의 실패로 인해 스티브와 마쿨라는 큰 충격을 받았습니다.

마쿨라는 애플의 전문경영인으로 펩시콜라 사장인 존 스컬리를 추천했습니다.
마케팅의 천재죠. 큰 도움이 될 거라 확신합니다.
흠, 연락해 봐야겠군요.

하지만 존 스컬리는 대기업인 펩시콜라 사장 자리에 만족하고 있었기 때문에 스티브의 제안을 수차례 거절했습니다.
애플사의 경영을 맡아주세요.
글쎄요, 전 컴퓨터도 잘 모르고 지금 회사에도 불만이 없습니다.

평생을 설탕물이나 팔면서 살겠습니까?
나랑 함께 세상을 바꿀 생각은 전혀 없습니까?

!!

며칠 동안 스컬리는 스티브가 했던 말을 곰곰이 생각했고, 그리고 결심했습니다.
그래! 지금의 자리에 안주하지 말고 새로운 기회를 잡아보자!

결국 두 사람은 매킨토시의 가격 책정 문제로 크게 충돌하고 말았습니다. 원래 매킨토시는 개발 당시 목표 가격을 1000달러 정도로 생각하고 있었습니다. 하지만 스티브가 디자인을 수시로 변경하는 바람에 비용이 가파르게 상승, 1995달러까지 오르고 말았습니다. 그런데 스컬리는 가격을 더 올리려고 했습니다.

1982년 당시 애플II의 판매량은 28만 대, IBM은 24만 대가 팔렸습니다. 하지만 1983년엔 애플II가 42만 대, IBM은 130만 대가 팔려 전세가 역전된 상황이었죠. 때문에 애플은 위기감을 느끼고 있었습니다.

출시 후 1년 동안 매킨토시의 판매는 꽤 순조로운 편이었습니다. 일일이 명령어를 입력해야 하는 기존의 컴퓨터와 달리 매킨토시는 마우스로 아이콘을 클릭하는 방식이라 초보자도 쉽게 배울 수 있어 인기가 좋았습니다.

하지만, 소음이 없는 컴퓨터를 원했던 스티브의 판단 착오로 인해 매킨토시의 판매량은 점점 줄어들었습니다.

게다가 원래 판매가 신통치 않았던 리사의 매출이 더욱 줄어들었죠.

판매지수가 떨어지는 매킨토시 때문에 스티브와 스컬리의 갈등은 점점 심해졌습니다.

리사와 매킨토시의 실패, 그리고 오랜 벗인 워즈마저 경비행기 사고 후유증으로 회사를 떠나자 스티브는 점점 힘들어졌습니다.

후우~

게다가 경영진은 스티브가 병적일 정도로 기술과 디자인에 열의를 쏟아 제품 개발에 부담을 주고 이로 인해 판매에 악영향을 끼친다고 생각했습니다.

제품의 설계부터 포장까지 일일이 간섭을 하니….

스티브가 방해만 하지 않았어도 리사나 매킨토시는 더 잘 팔렸을 겁니다.

경영진은 결국 결정을 내렸습니다.

스티브, 자네의 명석함과 훌륭한 비전을 나보다 더 존경하는 사람은 없을 거네.

쓸데없는 소리하지 말고 본론만 말하세요.

우리 경영진은 자네에게 매킨토시 부서의 운영을 더 이상 맡길 수 없다고 판단했네.

조만간 이사회에서 책임자 자리에서 물러나도록 요청할 것이야. 매킨토시에서 손을 떼는 것이지.

뭐라고?

1985년 4월 11일, 이사회의 결정으로 스티브는
매킨토시 부서 책임자에서 제품 개발실로 쫓겨났
습니다.

늘 자신의 편이었던 마쿨라 역시 스티브를
배신했습니다.

믿었던 사람들에게 버림을 받은 스티브는
큰 상처를 받았습니다.

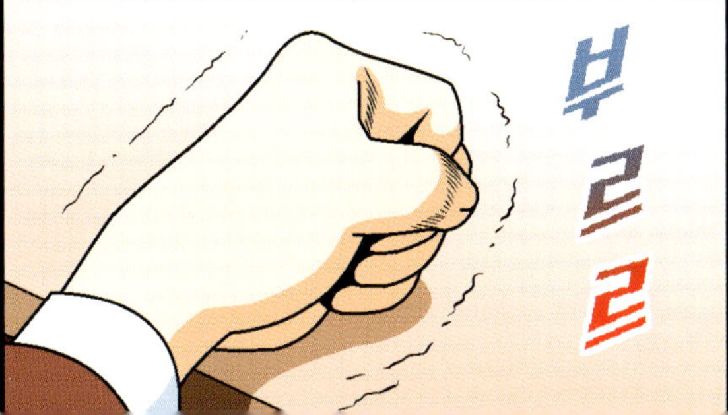

하~
웃기는 상황이야.
내가 만든 회사에서
쫓겨나는 꼴이라니….
제품 개발실

이대로 이곳에서
평생을 보내야 하나.

아니야,
난 아직 젊어!
이 정도 시련이 날
굴복시킬 순 없지!

내가 꿈꾸는 컴퓨터는
아직이야!
쿵

애플이 아니면 어때?
새로운 회사를 만들자!
새로운 날개를
달고 다시 한 번
날아보자!

스티브는 매킨토시 개발에 참여한 엔지니어들과 함께 회사를 나가기로 결정을 합니다.

마쿨라와 스컬리는 매킨토시 개발 멤버들과 함께 회사를 그만두는 스티브가 못마땅했지만, 이미 사표를 내고 나가버린 직원들을 다시 잡을 수는 없었죠.

1985년 가을, 스티브 잡스는 자신이 만들고 키운 애플을 뒤로 한 채 새로운 혁신을 꿈꾸며 세상에 도전장을 던졌습니다.

잡스의 복귀 후 애플 제품들 1

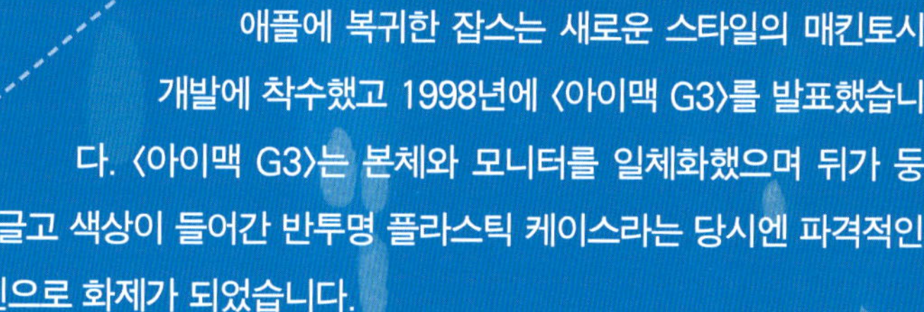

아이맥 G3

애플에 복귀한 잡스는 새로운 스타일의 매킨토시 개발에 착수했고 1998년에 〈아이맥 G3〉를 발표했습니다. 〈아이맥 G3〉는 본체와 모니터를 일체화했으며 뒤가 둥글고 색상이 들어간 반투명 플라스틱 케이스라는 당시엔 파격적인 디자인으로 화제가 되었습니다.

또한 IBM 호환 PC에 사용하는 USB 포트를 적용하는 등 사용 편의성을 높여 큰 인기를 모았습니다. 〈아이맥 G3〉 이후 발표한 〈아이북(현재의 맥북)〉, 〈파워북 G3〉 등이 미려한 디자인과 고성능으로 연이어 히트하면서 애플은 다시 흑자를 내기 시작했습니다.

아이팟

애플의 컴퓨터 사업이 안정기에 돌입하자 잡스는 MP3 플레이어 시장에 눈을 돌렸고 2001년에 아이팟을 출시했습니다. 애플의 아이팟은 플래시메모리에 음악 파일을 저장하던 기존 MP3 플레이어와 달리 하드디스크를 사용, 훨씬 많은 음악 파일을 저장할 수 있었고 미려한 디자인과 직관적인 조작법까지 갖춰 인기를 모았습니다.

하지만 아이팟이 인기를 끈 이유는 바로 소프트웨어에 있었습니다.

개인이 직접 CD에서 추출하거나 불법 다운로드로 음악 파일을 얻어야 했던 기존 MP3 플레이어와 달리 아이팟은 '아이튠즈 스토어'라는 전용 음악 판매 서비스와 결합, 이용할 수 있는 콘텐츠의 질이나 양 면에서 다른 MP3 플레이어를 압도했기 때문에 큰 성공을 거둘 수 있었습니다.

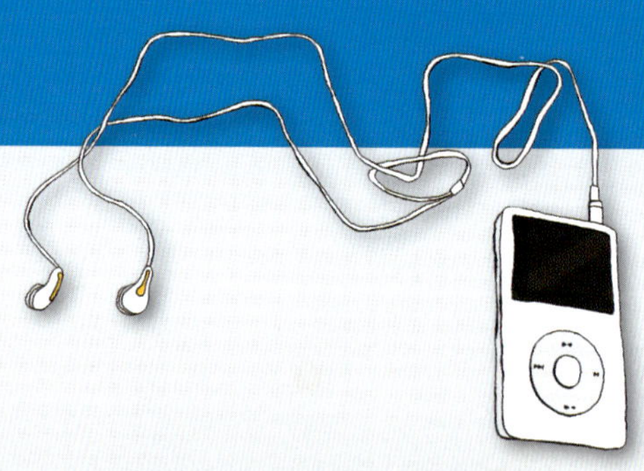

모방을 뛰어넘는 독창성

스티브 잡스가 1984년에 발표한 〈매킨토시〉는
GUI(Graphic User Interface ; 그래픽 사용자 인터페이스) 시스템,
그리고 입력장치로 마우스를 도입한 획기적인 컴퓨터였습니다.
명령어를 입력하는 방식이 아닌 이미지를 클릭해 실행하는 〈매킨토시〉가
나오면서 초보자나 아이도 컴퓨터를 쉽게 이용할 수 있게 되었습니다.
그런데 사실 GUI 시스템이나 마우스는 잡스와 애플이 최초로
개발한 것이 아니었습니다. 원래는 제록스에서 1981년에 발표한
〈제록스 스타〉라는 컴퓨터에서 GUI 시스템과 마우스를 채택한 바 있습니다.
하지만 비싼 가격으로 인해 대중의 외면을 받아 사라졌죠.
잡스는 제록스가 실패한 GUI 시스템과 마우스를 〈매킨토시〉에 적용해
성공을 거두었습니다. 진정한 대중화를 이끌어낸 것이죠.
MP3 플레이어인 〈아이팟〉, 스마트폰인 〈아이폰〉, 태블릿 PC인
〈아이패드〉도 마찬가지로 그전에 세상에 나왔던 것들입니다.
잡스가 이룩한 '혁신'이라는 것은 무에서 유를 만든 것이 아니라
기존에 있던 것들에 독창성을 가미해 완성도 높은 디자인과 감성으로
소비자들을 사로잡은 것이었습니다.

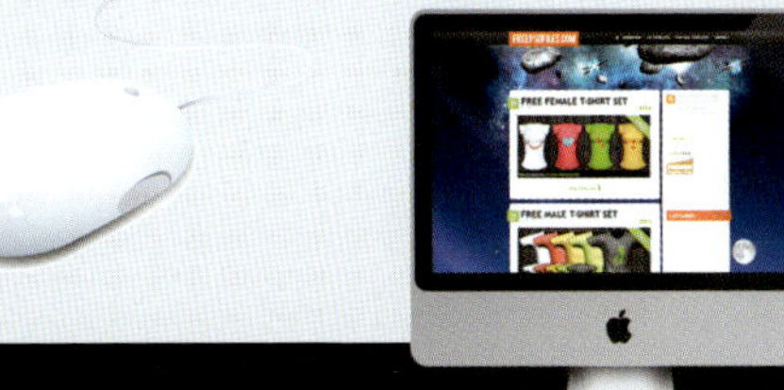

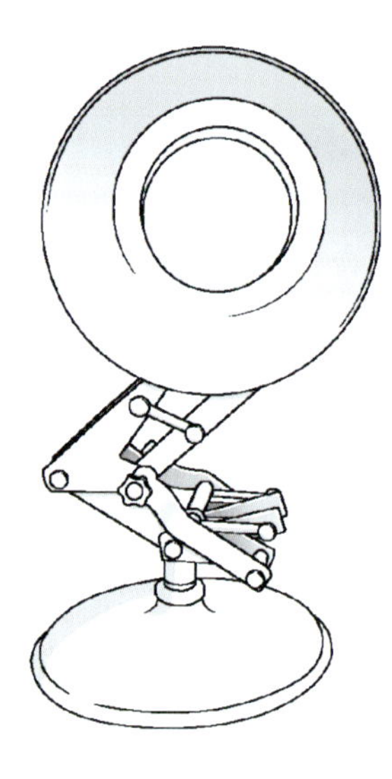

스티브는 자신이 만든 회사에서 쫓겨났지만 또 다시 도약하기 위해 넥스트라는 회사를 만들었습니다.

스티브는 기업 로고 디자인 분야의 전설적인 인물인 폴랜드에게 넥스트의 로고를 의뢰했습니다.

스티브가 거금을 들여 회사 로고부터 만든 이유는 사람들에게 강렬한 인상을 주기 위해서였습니다.
아직 제품 하나 없는 회사였지만 잘 만든 넥스트 로고가 대중의 궁금증과 기대감을 높여줄 거라 믿었죠.
스티브의 이 전략은 적중했습니다.

스티브는 본격적으로 넥스트의 컴퓨터 디자인에 들어갔습니다.

이후 스티브는 로터스사와 손을 잡고, 넥스트 컴퓨터에 들어갈 새로운 운영체제 제작에 돌입합니다.

스티브는 1986년 말 300만 달러를 투자하면 넥스트의 지분 10%를 주겠다는 사업설명서를 여러 투자 회사에 발송했습니다.

하지만 로스 페로라는 투자가는 생각이 달랐죠. 회사를 매각하고 억만장자가 된 로스 페로는 스티브와 넥스트의 멤버를 보고 무한한 가능성을 가진 회사라고 생각했습니다

페로는 넥스트에 2000만 달러를 투자했습니다.

1989년, 스티브 잡스는 야심차게 준비한 넥스트 컴퓨터를 세상에 선보였습니다.

하지만 기대와 달리 넥스트는 한 달에 400대 수준의 판매를 보이며 고전했습니다. 가장 큰 이유는 IBM 계열 기종은 물론 애플 컴퓨터와도 호환되지 않았기 때문이었습니다.

하루 1만 대를 생산할 수 있는 공장은 가동을 멈췄고 넥스트의 적자는 쌓여만 갔습니다. 게다가 스티브가 인수한 3D 컴퓨터 그래픽 회사인 픽사의 사정도 좋지는 않았죠.

시간을 거슬러 1985년 여름, 스티브는 우연한 기회에 유명한 영화감독인 조지 루카스(스타워즈 시리즈 감독)가 운영하던 그래픽 회사를 방문했습니다.

당시 루카스 필름의 컴퓨터 회사는 2개 부서로 나뉘어져 있었습니다.

하나는 실사 영화에 디지털 특수효과를 입히는 맞춤형 컴퓨터를 개발하는 곳이었고,

스티브는 앞으로 3D 애니메이션 분야가 크게 인기를 모을 거라 판단했습니다. 결국 스티브는 1986년, 무려 1000만 달러를 투자해 루카스의 디지털 애니메이션 부서를 인수했습니다.

이 회사가 오늘날 〈토이 스토리〉, 〈몬스터 주식회사〉, 〈니모를 찾아서〉를 만든 픽사 (PIXAR)였습니다.

하지만 픽사도 초창기에는 애니메이션 제작이 아닌 디지털 이미지용 고가의 컴퓨터를 제작하고 판매하는데 주력했었습니다.

가격을 낮춘 픽사의 컴퓨터는 디즈니 애니메이션 사업부에 납품되었습니다. 픽사와 디즈니의 인연은 이렇게 시작되었습니다.

스티브는 픽사의 소프트웨어와 컴퓨터를 잘 팔기 위해선 애니메이션 사업부의 도움이 필요하다고 판단했습니다.

스티브는 〈안드레와 윌리 꿀벌의 모험〉을 만들었던 존 래스터 감독에게 새로운 단편 애니메이션을 의뢰했습니다.

존은 책상 위에 놓여있던 전기스탠드를 보고 영감을 얻어 1986년에 그 유명한 〈럭소 주니어〉를 세상에 내놓았습니다. 이 작품은 픽사의 이름으로 낸 최초의 작품이며 지금도 픽사의 이미지를 대표하고 있습니다.

〈럭소 주니어〉는 그해 8월 컴퓨터 그래픽 박람회에서 사람들의 호평과 찬사를 받으며 최우수상을 받았습니다.

또한 수상엔 실패했지만 아카데미 단편 애니메이션 부문 후보에 오르기도 했습니다.

〈럭소 주니어〉의 성공을 지켜본 스티브는 애니메이션 제작에 적극적으로 나섰습니다. 적임자는 물론 존 래스터 감독이었죠.

제가 부탁하는 건 단 하나입니다.
위대한 작품을 만들어주세요.

그날 존 래스터는 스티브에게서 큰 감동을 받았습니다.
아~!

1988년, 존 래스터는 북치는 장난감을 소재로 한 단편 애니 〈틴토이〉를 발표합니다.
하하하! 장난감의 천적은 어린아이로군. 좋은 아이디어입니다.
이번 작품도 히트할 것 같아요.
TIN TOY

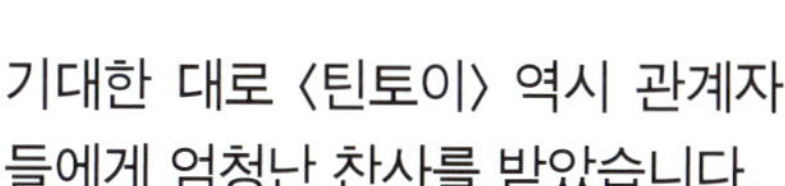

기대한 대로 〈틴토이〉 역시 관계자들에게 엄청난 찬사를 받았습니다.
〈틴토이〉는 1988년 아카데미 시상식에서 아카데미 단편 애니메이션 상을 수상했습니다. 컴퓨터로 제작한 3D 애니메이션 영화로는 사상 최초였죠.
위대한 작품을 만들어 달라는 스티브 잡스의 염원이 이루어지는 순간이었습니다.
TIN TOY

〈틴토이〉를 계기로 디즈니에서는 존 래스터에게 관심을 갖게 되었고 거액을 주고 그를 스카우트하려 했습니다.

존, 당신도 어차피 디즈니 출신 아닙니까? 디즈니로 돌아와서 멋진 애니메이션을 만들어봅시다!

흠~.

하지만 존 래스터는 3D 애니메이션을 제작하는데 있어서 디즈니보다 픽사가 더 어울린다고 생각했습니다. 게다가 자신과 픽사를 위해 고군분투하는 스티브 잡스를 배신하기 싫었죠.

디즈니로 옮기면 좋은 환경에서 애니메이션을 만들 수 있겠지만 픽사에 있으면 역사를 새로 쓸 수 있습니다.

미안하지만 없었던 일로 하겠습니다.

디즈니는 존 래스터를 영입하기 힘들어지자 차라리 픽사와 계약을 해 애니메이션을 제작하는 방법을 생각했습니다.

존 래스터 감독! 자, 잠깐만….

딸 칵

1991년 5월, 결국 디즈니는 픽사와 3D 장편 애니메이션 계약을 맺었습니다.

드디어 장편 애니메이션을 만들 수 있게 됐다!

크하하! 드디어 우리의 꿈이 이루어지는구나!

존 래스터는 단편 〈틴토이〉에서 발전된 〈토이 스토리〉의 제작에 들어갔습니다.

낡은 장난감과 새로운 장난감이 짝을 이루는 스토리입니다!

참신한 아이디어! 밀어붙입시다!!

TOY STORY

PIXAR

그사이 스티브는 넥스트 운영체제를 다른 회사에 팔기 시작했습니다. 넥스트의 수익이 늘면서 회사 상황은 점차 좋아졌습니다.

한편 스티브 잡스가 빠진 애플은 신제품의 개발은 등한시한 채 다른 회사와 차별성이 떨어지는 제품을 팔기 시작했습니다. 이에 실망한 많은 애플 고객들은 등을 돌렸고 회사는 점점 힘들어졌습니다.

1993년 11월, 〈토이 스토리〉 전반부를 마친 래스터 감독과 픽사 팀원은 디즈니에 직접 찾아가 테이프를 전달했습니다.

그러나 디즈니 경영진은 〈토이 스토리〉를 보고 너무나 형편없고 재미없다는 평가를 내렸습니다.

충격을 받은 래스터는 디즈니 경영진에게 사과와 함께 다시 기회를 달라며 통사정했습니다. 다행히 디즈니는 수정된 스토리를 보고 판단하겠다며 제작 중지 결정을 미뤘습니다.

3개월 후 수정된 스토리를 받은 디즈니는 만족했고 〈토이 스토리〉 제작을 승인했습니다.

1995년 11월로 개봉일이 확정되었기에 래스터와 팀원은 밤낮을 가리지 않고 〈토이 스토리〉 완성에 정열을 쏟았습니다. 이에 발맞춰 〈토이 스토리〉에 필요한 소프트웨어를 만들어 내기 위해 픽사의 컴퓨터 부서 역시 무척 바빠졌습니다.

당시 마이크로소프트는 윈도우 3.0에 이어 윈도우 95를 출시하고 IBM과 호환되는 컴퓨터에 운영체제를 장착하며 애플을 압박했습니다.

애플은 신제품의 연이은 실패와 마이크로소프트의 압박에 힘들어했습니다.

같은 해 오라클의 회장인 래리 앨리슨은 스티브를 만나 애플에 대해 자신의 비전을 이야기했습니다.

*기업공개 : 개인이 소유한 기업의 지분을 일반인에게 개방하는 일.

〈토이 스토리〉 개봉이 얼마 남지 않은 시점.

스티브는 〈토이 스토리〉가 개봉하면 대히트를 칠 거라 예상하고 픽사의 *기업공개를 준비했습니다.

스티브의 예상은 정확했습니다. 〈토이 스토리〉는 엄청난 히트로 개봉 첫 주 만에 제작비를 전부 회수했습니다. 또한 전 세계적으로 인기를 모아 3억 6200만 달러의 수익을 올렸습니다.

<토이 스토리>가 개봉된지 일주일 만에 픽사의 기업 공개가 단행되었습니다, 픽사의 주식은 상장되자마자 엄청나게 폭주했습니다.

스티브는 픽사의 지분 80%를 소유하고 있었는데 가치는 12억 달러에 달했습니다.

픽사의 성공에 스티브 잡스가 차지한 비중은 절대적이었습니다. 계속 적자를 내던 픽사에 오직 가능성만 믿고 9년간 5000만 달러 이상을 투자했으니까요.

1997년 디즈니는 픽사와 제작비와 수익을 반씩 나누는 새로운 계약을 체결합니다.

스티브 잡스는 20대에 애플을 창업, 컴퓨터 업계에 돌풍을 일으키며 대기업으로 만들었습니다.

또한 아무도 신경 안 쓰던 픽사를 인수해 꾸준한 투자로 최고의 3D 애니메이션 스튜디오로 키워냈습니다.

이렇게 스티브 잡스는 세계 최고의 기업을 두 개나 만들어낸 것이죠.

한편 애플은 스컬리 사장이 물러나고 마이클 스핀들러가 새로운 사장으로 취임했습니다.

스핀들러는 사장이 되자마자 애플을 다른 회사에 매각하려 열을 올렸습니다.

1996년에는 새로운 사장이 애플을 맡았습니다. 하지만 애플은 계속 추락, 10억 달러가 넘는 적자를 보았고 주식은 바닥으로 떨어졌습니다.

애플의 이사회는 더 이상 버틸 힘이 없었습니다. 이사회는 스티브 잡스에게 애플 사장으로의 복귀를 부탁했습니다.

1996년 12월, 스티브 잡스는 애플이 넥스트를 인수하는 조건으로 복귀를 결정합니다. 자신이 만든 애플에서 쫓겨난 지 11년 만에 말이죠.

잡스의 복귀 후 애플 제품들 2

2007년

아이폰

〈아이팟〉의 성공 후 잡스는 애플의 주력 사업을 휴대용 IT 기기로 잡았습니다. 잡스는 작은 휴대전화에 컴퓨터의 기능을 넣는 방법에 대해 고민했고 결국 2007년에 〈아이폰〉을 발표했습니다. 아이폰 출시 이전에도 블랙베리나 윈도우 모바일을 쓰는 스마트폰은 존재했습니다. 하지만 조작법이 어렵고 기능도 제한적이었기 때문에 대중적인 인기를 얻지 못했습니다.

〈아이폰〉은 빠르게 반응하는 정전식 멀티 터치 스크린을 탑재했으며 방대한 콘텐츠를 확보한 아이튠즈 스토어를 그대로 활용할 수 있어 콘텐츠 면에서 다른 스마트폰을 압도했습니다. 무엇보다 조작법이 매우 간단해서 초보자도 쉽게 적응이 가능한 것이 장점이었습니다.

〈아이폰〉은 이후 새 모델을 발표할 때마가 기록적인 판매고를 올리며 세계적인 히트를 쳤고 애플을 가장 많은 현금을 보유한 회사로 만들어줬습니다.

2010년

아이패드

아이폰으로 스마트폰 시장을 개척하고 또 정복한 애플은 2010년 태블릿 컴퓨터인 〈아이패드〉를 출시했습니다.

〈아이패드〉는 출시 당시만 해도 몇몇 전문가들로부터 '화면만 키운 아이폰'이라는 비아냥거림을 받는 등 부정적인 견해가 많았습니다.

하지만 〈아이패드〉는 아이폰 특유의 뛰어난 조작성과 디자인 및 방대한 콘텐츠를 그대로 이어받아 소비자들에게 큰 환영을 받았습니다. 또한 노트북에 비해 상대적으로 가벼운 무게와 배터리 수명으로 지속적인 인기를 끌었습니다. 아이패드의 인기로 인해 태블릿 컴퓨터 시장이 본격적으로 열렸다고 볼 수 있습니다. 애플은 매년 〈아이패드 2〉, 〈뉴 아이패드〉 등의 새로운 모델을 발표하며 인기를 이어갔고 태블릿 컴퓨터 시장의 최강자로 군림하고 있습니다.

감동을 주는 발표력

제품 발표회에서 스티브 잡스는 아이돌 못지않은 스타였습니다.

그의 눈빛과 손짓 하나하나에 청중들은 온 신경을 집중했습니다.

잡스가 확신에 찬 어조로 제품을 소개할 때면

청중은 박수를 치며 열광을 했습니다.

이런 잡스의 발표력은 하루아침에 이루어진 것이 아닙니다.

잡스는 광고 전문가에게 따로 과외를 받으면서

발표력을 연마했습니다.

잡스는 제품 발표회 전에는 며칠씩 연습을 하며

완벽을 기했습니다.

잡스는 발표회에서 단순히 제품을 홍보한 것이

아니라 이야기를 만들고 공감대를 형성해

청중에게 감동을 선물했습니다.

잡스의 이런 철저한 준비와 연출은

애플 제품을 더욱더 빛나게 만들었습니다.

애플에 복귀한 스티브는 회사 업무보다는 컴퓨터 관련 행사에 참가해 먼저 얼굴을 알렸습니다. 애플에 자신의 이미지를 다시 심기 시작한 거였죠.

스티브가 다시 복귀했지만 당시 애플 사장이었던 아멜리오와는 어색한 분위기였어요.

얼굴 알리기를 끝낸 스티브는 경영진에게 많은 아이디어를 내놓기 시작했습니다.

10년 동안 마이크로소프트에 빼앗겼던 시장을 다시 찾기 위해선 새로운 운영체제로 매킨토시를 완전히 바꿔야 합니다!

스티브는 판매 중인 몇 가지 제품들은 가망이 없다며 폐기를 제안했습니다.

그러나 당장의 손해를 우려한 경영진은 스티브의 말을 듣지 않았습니다. 결국 스티브가 언급한 제품들은 몇 년 뒤 애플에 더 큰 손실을 입히고 사라졌습니다.

스티브가 애플에 복귀하고도 실적이 더 떨어지자 아멜리오 사장의 위치가 흔들렸습니다.

마침내 애플 이사회는 아멜리오를 물러나게 하고 스티브를 사장 자리에 올리기로 결심합니다.
스티브, 사장직을 맡아주시오.
글쎄요, 픽사 경영하기에도 바빠서 지금은 힘들겠네요.

애플 이사회는 스티브의 반응에 당황했습니다. 일단 아멜리오를 물러나게 하고 프레드 앤더슨을 임시 사장에 올렸습니다.
에고~ 사장이 된다고 다 좋은 건 아니군.
이 위기를 어떻게 헤쳐 나갈지 걱정이네.

임시 사장인 앤더슨은 스티브에게 애플을 위한 자문을 구했습니다.
어떻게 해야 애플이 살아날까요?
일단 제품이 형편없어요. 전혀 매력적이지 않아요.

그게 무슨 말씀이신지?

물건을 보자마자 사고 싶은 생각이 들어야 하는데 지금의 애플 제품은 전혀 그렇지 않다는 얘기입니다!

!!

앤더슨 사장은 스티브에게 또 한 가지 골칫거리도 도움을 요청했습니다.

스티브는 10년간의 길고 긴 소송을 전화 한 통화로 정리를 했습니다.

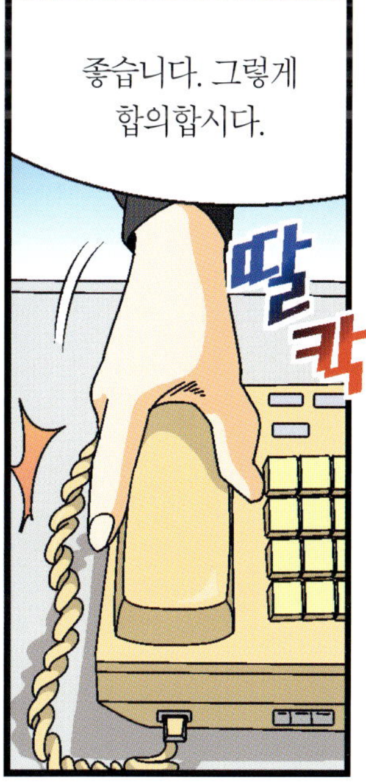

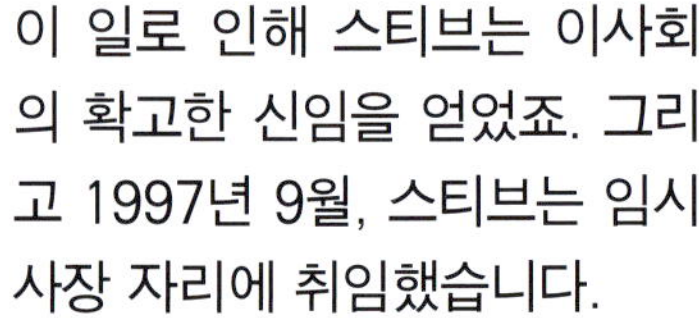

그렇게 10년간의 긴 소송은 끝났고, 마이크로소프트는 애플에 1억 5000만 달러의 거금을 투자했습니다.

이 일로 인해 스티브는 이사회의 확고한 신임을 얻었죠. 그리고 1997년 9월, 스티브는 임시 사장 자리에 취임했습니다.

사장직에 오른 스티브는 우선 신제품 생산에 박차를 가했습니다.
애플의 혁신적인 제품이 곧 탄생할 것입니다!

불과 얼마 전까지 파산 위기에 몰렸던 애플은 스티브 잡스가 임시 사장에 오르자 기대감이 증폭, 주가가 오르고 수익도 개선되었습니다.

놀라워! 복귀 일 년 만에 4억 달러의 흑자라니!
역시 스티브의 파워는 어마어마하군.
애플 주가 상승률

스티브는 1998년 5월, 디자이너 조너선 아이브와 함께 제작한 아이맥 G3를 선보입니다. 모니터와 본체가 결합된 올인원 제품으로 큰 화제를 일으켰죠.

아이맥 G3는 처음 6주간 28만 대가 팔렸고 그해 말까지 80만 대가 팔리며 애플 역사상 가장 빨리, 많이 팔린 컴퓨터가 되었습니다.

아이맥의 성공에 힘입어 스티브는 임시라는 타이틀을 벗고 정식 사장이 되었죠.

아이맥에 CD 라이터를 추가 장착하는 한편, 앨범에서 음악을 추출해 공 CD에 넣을 수 있는 소프트웨어인 아이튠즈를 제공했죠.

스티브는 일본 도시바에서 만든 1.8인치 드라이브를 발견했습니다.

도시바 기술진이 개발만 해놓고 어느 기기에 쓸지 몰라 고민하고 있었던 이 작은 저장 장치는 5기가의 용량을 지녀 MP3 파일 1000곡을 넣을 수 있었습니다.

저장 장치를 확보한 스티브는 휴대용 MP3 플레이어 개발에 박차를 가했습니다.
출시일이 얼마 남지 않았다!! 빨리 빨리!!
에고~, 밥 먹을 시간도 없다.

우여곡절 끝에 애플의 휴대용 MP3 플레이어가 개발되었습니다. 2001년 10월, 스티브는 신제품 출시 행사에서 이 제품을 처음 공개했습니다.
힌트! 맥은 아닙니다.
하 하
MAX
하 하 하 world

아, 마침 제 주머니에 이 제품이 들어있네요.

??

이 놀랍고 작은 기기에 1000곡의 노래가 담겨있습니다.
이것이 바로 아이팟입니다!
ME NU

한편 스티브는 냅스터, 그록스터, 카자 등 불법 무료 MP3 사이트들을 대신할 합법적인 유료 MP3 다운로드 사이트를 생각했습니다.

아이튠즈 스토어는 이렇게 탄생되었습니다.

아이튠즈 스토어에 앨범을 올리기 위해선 음반사들의 협력이 필요했습니다.

그러나 수많은 음반사들은 수익 저하를 우려해 주저했습니다. 협상이 지지부진할 때마다 스티브는 직접 나서서 음반사를 설득, 계약을 성사시켰습니다.

2003년 4월, 스티브 잡스는 세상에 아이튠즈 뮤직스토어를 선보였습니다.

저작권협회와 주요 음반사의 노래들을 곡당 99센트에 판매하였고 아이팟과 연동해 누구나 쉽게 다운을 받을 수 있게 만들었습니다. 아이튠즈 뮤직스토어는 시작한 지 6일 만에 100만 곡, 그해 말까지 7000만 곡을 판매하며 최고의 히트 상품이 되었습니다. 아이튠즈의 성공은 디지털 음원이라는 새로운 시장을 개척했다는데 의의가 있습니다.

아이튠즈는 그해 타임지 선정 〈올해 최고의 발명품〉에 선정되기도 했습니다.

아이팟과 아이튠즈가 대성공을 거두고 픽사 역시 차기작이 연달아 대히트를 치며 3D 애니메이션의 명가로 발돋움했습니다.

애플과 픽사, 두 회사에게 엄청난 성공과 이익을 가져다주며 쉴 틈 없이 몇 년을 달려온 스티브에게 뜻밖의 소식이 들렸습니다.

혹시 모르니 췌장 샘플을 채취해서 더 자세히 검사해 보겠습니다.

검사 결과 다행히도 종양의 크기가 작고 전이 과정이 느려서 치료가 가능하다는 진단이 나왔습니다.
천만다행입니다. 수술만 하면 치료가 가능할 것 같습니다.
수술이요?
아니, 됐습니다. 난 수술을 받지 않겠소.
네? 그게 무슨 말씀이세요? 수술을 받지 않겠다니!
몸에 칼을 대는 행위는 내 신념에 어긋나기 때문이오!
스티브 씨, 그럼 종양이 점점 커져서 진짜 큰일 날 수도 있습니다.
내 결심은 확고합니다!
병마는 물러가라!
불교와 동양사상에 심취했던 스티브는 수술을 거부하고 다른 치료법을 찾았습니다. 식이요법과 침술, 각종 민간요법에 심령술까지 동원해 자신의 암을 없애려 애썼죠.
당신은 병이 없습니다. 깨끗합니다. 믿으세요, 믿으셔야 해요.
레드선!
으윽~! 채식주의자에게도 힘든 음식이군.

수술을 권유하는 가족과 동료들의 조언 역시 통하지 않았습니다.
스티브, 그러다 진짜 죽을 수도 있어. 빨리 병원에서 수술을 받게나.
아직 시도해 볼 방법이 많이 남았어.

하지만 9개월 뒤 종양의 크기가 커지고 다른 부위로까지 전이됐다는 진단이 내려지자 스티브는 더 이상 고집을 부리지 못했습니다.
종양이 뇌까지 퍼질 수도 있습니다. 빨리 수술을 받아야 합니다.
더 이상 고집부릴 상황이 아니군요. 수술을 받겠습니다.

2004년 7월 스탠퍼드 대학교 의학 센터에서 수술은 진행되었습니다.
스티브 씨가 잘 참아주신 덕에 수술은 무사히 잘 끝났습니다.

수술 다음 날, 스티브는 이메일을 통해 직원들에게 자신의 수술 사실을 알렸습니다.
췌장암도 나처럼 초기에 진단을 받고 수술을 받으면 치료가 가능합니다.
타 타 탁

아~.
다행이다!
특별한 추가 치료 없이 9월에 정상 출근할 예정입니다.

스티브는 "내가 없는 동안 부사장 팀쿡이 업무를 대행할 겁니다. 여러분, 9월에 봅시다!"라는 내용의 이메일을 보내 직원들을 안심시켰습니다.
후~.

하지만 잡스의 바람과 달리 수술 후에 큰 문제가 생겼습니다. 그 문제는 다름 아닌 스티브의 식습관이었죠.
스티브 씨, 췌장은 위에 소화를 돕는 효소를 보내주는 기관인데 수술로 일부를 제거한 상태라 단백질을 흡수하기가 힘들어집니다.
네.

빨리 건강을 되찾기 위해선 지금부턴 우유, 각종 고기와 생선 등 영양가 있는 음식으로 단백질을 섭취하셔야 합니다.
네? 고기와 생선이요?

난 10대 때부터 채식을 했어요. 내 나름의 식습관이 있기 때문에 그렇게 할 수 없소!

스티브 씨, 단백질을 섭취하지 않으면 건강이 다시 나빠질 수도 있습니다.

그래도 고기 따위는 먹지 않겠소.

스티브 씨, 정말 유감입니다.
예?

스티브는 의사의 처방을 듣지 않고, 또다시 자신만의 방법으로 기운을 차려갔습니다. 하지만….
내가 예상한 것보다 날짜가 좀 오버됐지만 이제 기력이 충만해!

안타깝게도 암이 세 군데로 전이되었습니다.
!

……

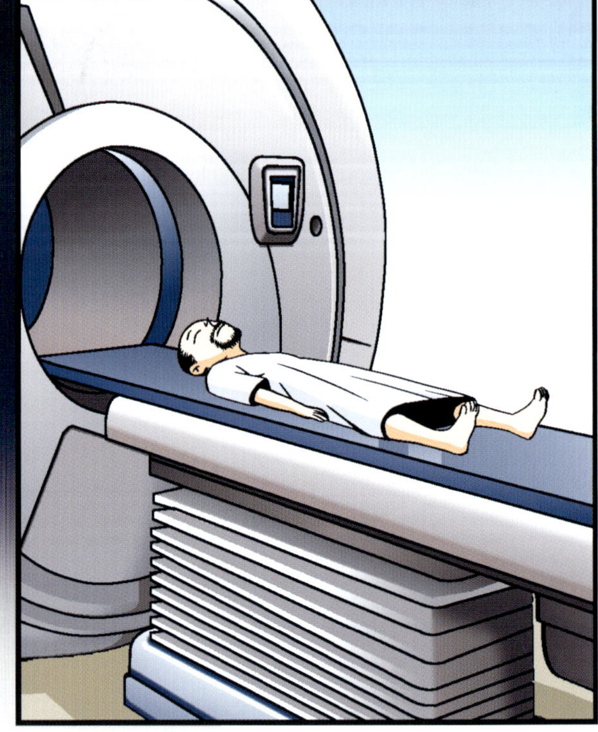

스티브는 화학요법과 방사선 치료를 받았습니다.

스티브는 병원에서 퇴원 후 회사로 복귀했고, 평소처럼 열정적으로 일했습니다. 물론 직원들에게는 자신이 암으로 치료를 받고 있다는 사실을 숨겼습니다.

2005년, 스탠포드 대학 졸업식에서 연설해 달라는 부탁을 받은 스티브는 흔쾌히 응했습니다.

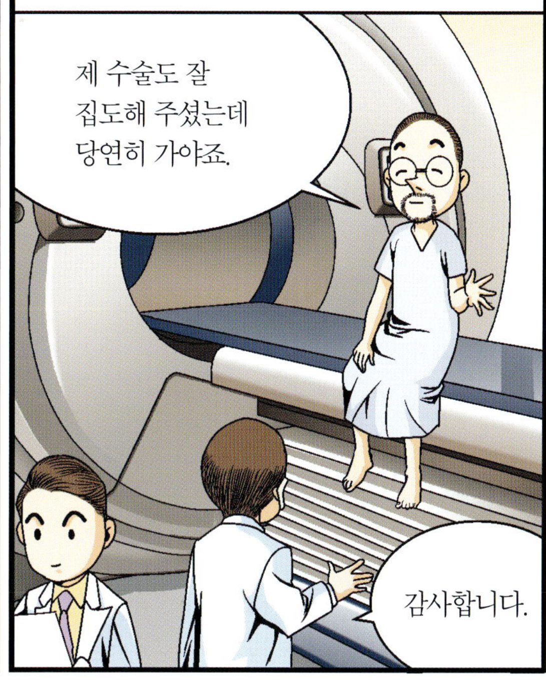

원래 맥월드나 제품 시연 외엔 무대에 오르는 법이 거의 없었던 스티브였습니다. 그런 그가 스탠퍼드 대학의 연설에 응한 이유는 무엇일까요?

암이라는 불치병과 맞서 싸우던 그는 어쩌면 지금껏 살아왔던 세월을 돌아보고 학생들에게 자신이 가진 신념과 가치를 전달하고 싶은 마음이 있었던 것 같습니다.

우리는 우주에 **흔적**을 남기기 위해 여기에 있습니다.

-1980년대 매킨토시 개발팀에게 즐겨한 말

언제까지 설탕물이나 팔고 있을 겁니까? **세상**을 바꿀 **기회**를 잡고 싶지 않은가요?

– 1980년, 펩시사의 존 스컬리를 애플로 영입하기 위해 한 말

우리는 우리의 비전에 모든 것을 걸고 있습니다. 그러는 편이 '미투상품' 을 만드는 것보다 낫다고 생각합니다. 그런 제품은 다른 회사들이나 만들면 되요. 우리에게 중요한 것은 언제나 '그 다음의 꿈' 입니다.

-1984년, 매킨토시를 발표할 당시 잡지 인터뷰 중에서

때때로 **혁명적인** 제품이 등장해 모든 양상을 뒤바꿔버립니다.

-2007년 1월, 아이폰 출시에 관한 발표 중에서

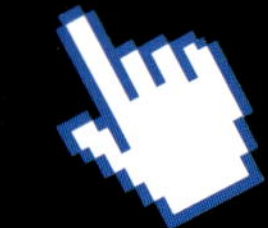

나의 목표는 '혼이 있는 100억 달러 기업' 을 만드는 것입니다.

-1980년, 애플의 주식 공개 이후 친분이 있던 기자에게 향후 목표를 말하며

나는 제품 지향적인 사람입니다.
좋은 제품을 만들면 사람들은 그것에 반응할 것이라 믿습니다.

– 애플에 복귀한 잡스가 직원들에게 한 말

전략과 인재, 제품을 관리하면
결과는 자연히 따라올 것입니다.

–아이맥으로 애플을 부활시킨 잡스가 성공의 비결을 묻는 질문에 답하며

세계에서 **가장 우수한 컴퓨터**를 만드는 것,
자부심을 가지고 팔 수 있는 제품,
가족과 친구에게 권할 수 있는 제품을 만드는 것이
우리의 목표입니다.

–애플의 전략이 무엇이냐고 기자가 묻자

제품 가격이 내려가면 시장
은 꽃피고 디자인과 패션은
더욱 중요해집니다.

–1998년, 전 세계의 소프트웨어 관계자
들에게 디자인의 중요성을 역설하며

위대한 목수는
아무도 보지 않는다고 해서
장롱 뒤에 질이 나쁜 목재를 사용하지 않아요.

–개발팀에게 누구도 보지 않는 컴퓨터 기판의 복잡한 배선도를 깔끔하게
 정리하라고 지시하며

혁신의
아이콘
9

2005년 6월, 스탠퍼드 대학 졸업식의 마지막 연설자는
스티브 잡스였습니다.

와
아
와
아
와
아
와
아

세계 최고의 명문으로
손꼽히는 스탠퍼드의
졸업식에 참석해
영광입니다.

저는 오늘 여러분께 제 인생에 대해 세 가지 이야기를 할까 합니다.

첫 번째로 제 인생의 전환점입니다.

저는 대학을 중퇴했습니다.

재미없는 필수 과목보다는 제가 원하는, 흥미로운 수업을 골라 들었죠. 글자를 아름답게 쓰는 기술을 공부한 적도 있습니다.

당시엔 그저 재미있어서 배웠지만 그 경험 덕분에 매킨토시는 아름다운 글자체를 가진 최초의 컴퓨터가 될 수 있었습니다.

제가 만약 그때 그런 공부를 하지 않았다면 매킨토시에 여러 가지 서체를 넣을 수 없었을 테고 또 자간을 자동으로 맞춰주는 기능도 없었을 것입니다.

그렇게 되면 맥을 따라한 윈도우 역시 그런 기능이 빠졌겠죠.

하하하하!

하하하하!

하 하 하

정말 몇 개월 동안 아무 것도 할 수가 없었죠.
그러나 제 맘속에는 뭔가가 천천히
다시 일어나기 시작했습니다.
비록 해고를 당했지만,
여전히 일에 대한 사랑은 식지 않았습니다.
그래서 전 다시 시작하기로 결심했습니다.
저는 초심자의 마음으로 돌아가
내 인생에서 최고의 창의력을 발휘하는 시기를
맞이할 수 있었죠.
저는 재기해서 넥스트사와 픽사를 세웠고
두 회사 모두 성공시켰습니다.

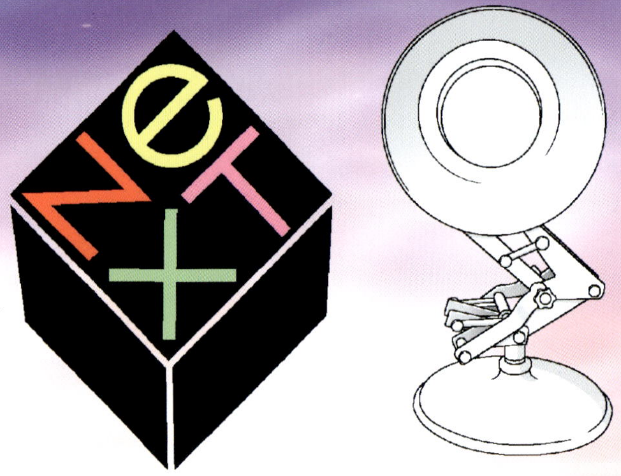

저는 17살 때 이런 글을 읽었습니다.
하루하루를 인생의 마지막처럼 산다면 언젠가는 바른길에 서 있을 것이다.

이 글에 감명을 받은 저는 이후 33년간 매일 아침 거울을 보며 제 자신에게 되묻곤 했습니다.

"오늘이 내 인생 마지막 날이라면 지금 하려고 하는 일을 할 것인가?"
곧 죽을지도 모른다는 생각은 큰 결단을 내릴 때 중요한 역할을 합니다.
죽음 앞에서는 외부의 기대, 자부심, 수치, 실패의 두려움이 사라지고 진실로 중요한 것만 남기 때문입니다.

우리는 언젠가 모두 죽습니다.
그러니 삶을 낭비하지 마십쇼.

저는 1년 전 암 판정을 받았습니다. 의사들은 길어야 3개월에서 6개월 정도 살 수 있으니 집에서 신변정리를 하라고 하더군요.

불행 중 다행히도 제 췌장암은 수술이 가능했고 지금은 상태가 많이 좋아졌습니다.

그때만큼 제가 죽음에 가까이 가 본 적은 없는 것 같습니다.

아무도 죽길 원하지 않습니다. 죽음은 여전히 우리 모두의 숙명입니다. 아무도 피할 수 없고 또 따라야만 합니다.

죽음은 새로운 것이 헌 것을 대체할 수 있도록 만들어주기 때문이죠.

저는 어렸을 때 〈지구백과〉라는 놀라운 책을 읽었습니다.

PC가 없던 시절, 지금의 〈구글〉과 같은 놀라운 책이었죠.

저는 어린 시절 늘 그 책을 끼고 살았습니다.
그 책의 뒤쪽 표지에는 이런 글이 적혀 있었습니다.
Stay Hungry Stay Foolish
계속 갈망하고 우직하게 나아가라. 제 자신은 늘 항상 그러기를 바랐습니다.

그리고 지금, 새로운 출발을 앞둔 여러분께도 같은 말을 해주고 싶습니다!
계속 갈망하라, 우직하게 나아가라
(Stay Hungry, Stay Foolish)!!!

와아아
와아아

상태가 호전된 스티브는 변함없이 도전적이었죠. 아이팟의 매출은 몇 배씩 증가했지만 그는 만족하지 않았습니다.
지금의 성공에 안주해선 안 됩니다.

요즘은 휴대전화가 우리의 적이 되고 있습니다.

휴대폰에 디지털 카메라가 탑재된 후부터 많은 카메라 관련 업체가 고전을 면치 못하고 있습니다! 이뿐만 아니라 MP3 플레이어가 장착된 휴대폰도 계속 나오고 있습니다!
……

지금과 같이 휴대폰에 여러 기능이 탑재된다면, 우리 아이팟은 쓸모없어질지도 모릅니다!
여러분, 지금이 바로 새로운 제품을 개발해야 할 때입니다!

위기감을 느낀 스티브는 모토로라와 손잡고 아이튠즈 음악 플레이어를 넣은 〈로커〉를 만들었습니다.
MOTOROLA

스티브가 태블릿 PC를 개발하게 된 동기는 재밌게도 라이벌 마이크로소프트 덕분이었습니다. 마이크로소프트사에서 근무하던 엔지니어가 생일날, 빌 게이츠와 스티브를 초대했고 그 자리에서 개발 중인 태블릿 PC에 대해 자랑을 늘어놓은 것이죠.

빌 게이츠는 상당히 불쾌했습니다. 그는 라이벌 회사의 대표가 있는 자리에서 회사의 기밀을 아무렇지도 않게 떠들며 웃고 있는 이 엔지니어에게 화가 났지만 애써 감정을 감추고 있었죠.
디스플레이는 펜을 이용해서 작동시켜야… 하하하!

스티브 역시 자신의 회사를 깔보듯 말하는 이 엔지니어가 맘에 들지 않았습니다.
이제 태블릿 PC가 세상을 완전히 바꿀 겁니다. 하하하!

스티브 씨, 앞으로 태블릿 PC를 만들려면 우리 마이크로소프트에서 기술을 사셔야 할 겁니다.

잘난 척은!
펜 따위는 전혀 필요 없는, 진짜 태블릿 PC가 뭔지 내가 보여주지.
으드득

스티브는 터치스크린 기술을 보유한 핑거웍스를 인수하고 태블릿 PC 프로젝트팀을 만들었습니다.
태블릿 프로젝트에 참가한 여러분께 알려드립니다.
우리가 제작할 태블릿 PC는 키보드나 펜이 있어선 안 됩니다.
입력방식은 오직 손가락뿐! 부드럽게 움직이고 멀티 터치가 되는 디스플레이를 만들어야 합니다!

갖은 고생 끝에 완성한 터치스크린은 단가가 너무 높아 상용화에 걸림돌로 작용했습니다. 그래서 잠시 개발을 멈추고 있던 중에 스티브는 이 터치스크린을 떠올린 것이죠.
이게 혁신이야!

터치스크린을 휴대폰에 적용해 보자! 화면이 작으니 가격도 맞출 수 있을 거야!
휴대폰에 이 기술이 적용된다면 태블릿 PC에도 큰 도움이 될 거야!

그 외에 많은 기능들이 탑재된 스마트폰은 점점 완성되어갔습니다. 그리고 곧 출시일이 다가왔습니다.

2007년 6월에 드디어 아이폰이 판매되었습니다. 사람들은 이 독특한 스마트폰을 사기 위해 밤새 줄을 서서 기다렸죠.

500달러가 넘는 만만치 않은 가격임에도 불구하고 아이폰은 순식간에 팔려나갔습니다. 아이폰은 출시된 지 1년도 되지 않아 9000만 대나 팔려나갔습니다.

아이폰은 대성공을 거두었지만, 스티브의 병은 다시 악화되었습니다.

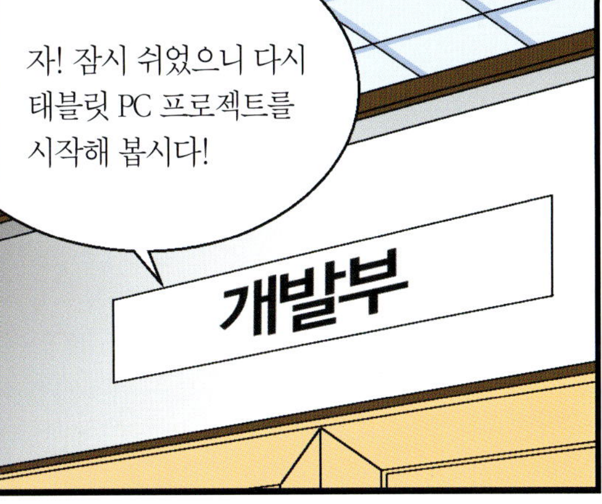

스티브 잡스의 건강 악화 소식에 애플의 주가는 떨어졌기 시작했습니다. 심지어는 스티브가 이미 사망했다는 소문까지 돌았습니다.

계속되는 소문과 건강 문제로 회사가 어수선해지자 스티브는 직원들에게 공개 메일을 보냈습니다.

병원에 입원한 스티브에게 의사는 간이식 수술을 권유했습니다.

우여곡절 끝에 장기이식 수술을 받은 스티브는 2009년 5월에 퇴원했습니다.

한 달 뒤, 다시 회사에 복귀한 스티브는 태블릿 PC 프로젝트에 열성을 쏟았습니다.

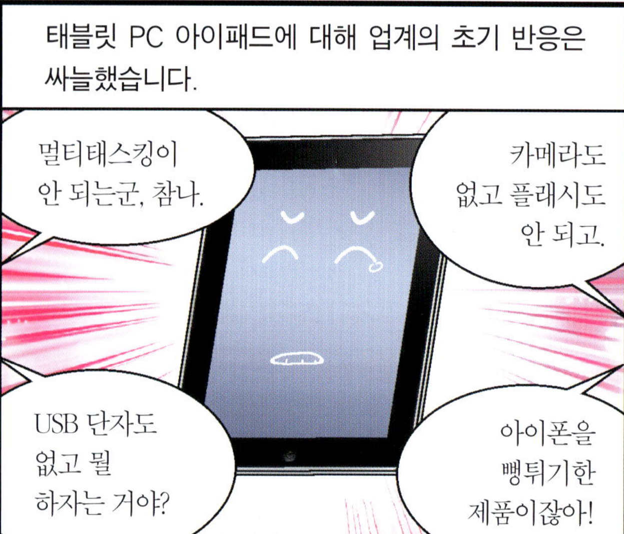

그해 4월에 아이패드가 시판되었습니다. 스티브의 예상대로 소비자들은 아이패드에 열광했습니다. 아이패드가 100만 대 팔리기까지 불과 한 달도 채 걸리지 않았습니다.

아이패드는 폭발적인 반응 속에 시판 1년 만에 1500만 대 판매라는 엄청난 기록을 세웠죠.

애플은 얼마 지나지 않아 온라인에서 직접 자신이 올린 자료를 자유롭게 주고받을 수 있는 '아이 클라우드' 서비스를 시작했습니다. 이로 인해 아이폰과 아이패드 유저들은 간편하게 자료를 관리할 수 있게 되었습니다.

애플은 승승장구했지만 반대로 스티브의 건강은 내리막길을 걷고 있었습니다. 또다시 온몸에 통증이 찾아왔고 그는 제대로 식사도 하지 못했습니다.

2011년 초, 의사들은 스티브의 몸에 새로운 종양이 생긴 걸 발견했습니다.

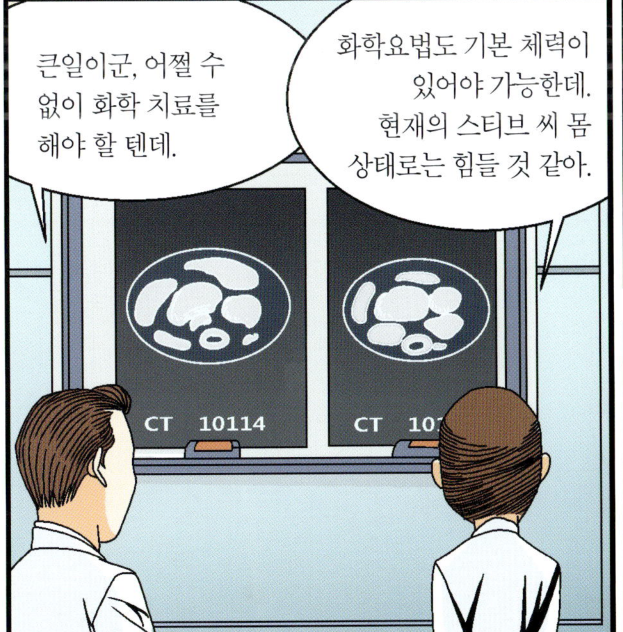

수척해진 스티브의 모습이 인터넷과 언론을 통해 세상에 퍼져 나갔습니다. 사람들은 그의 상태가 매우 심각하다는 것을 알기 시작했습니다.

스티브의 건강은 계속 악화되었습니다. 그는 자신이 더 이상 일하기는 힘들 것이라는 사실을 알았습니다.
이제 때나 되었나.

2011년 8월, 스티브는 비밀리에 애플 본사로 찾아가 이사회 임원들과 비밀 회동을 가졌습니다.
바쁘신데 모여 주셔서 감사합니다.

저는 오래전부터 제가 애플 사장직을 제대로 수행하지 못할 시엔 여러분께 먼저 알리겠다고 말해왔습니다.
안타깝게도 오늘이 그날인 듯싶습니다.
아~.

앞으로도 애플의 앞길은 가장 밝게 빛나며 혁신은 계속되리라 믿습니다.
비록 저는 떠나고 없지만 늘 애플의 성공을 기원하겠습니다.

......

2011년 10월 5일,
혁신의 아이콘 스티브 잡스 사망.

갑작스러운 그의 사망 소식에 세계는 큰 충격에 휩싸였습니다. 사람들은 그의 죽음을 안타까워했고 또 애도했습니다.
Steve Jobs
1955~2011

1976년 애플 컴퓨터 설립.
애플 I 발표
1984년 매킨토시 발매
1985년 애플 컴퓨터 퇴직 후
넥스트사 설립
1986년 픽사 스튜디오 설립
1995년 토이 스토리 개봉
1997년 애플 컴퓨터 사장으로 복귀
1998년 아이맥 발매
2001년 MP3 플레이어 아이팟 발매
2003년 아이튠즈 뮤직 스토어
서비스 개시
2007년 아이폰 출시
2010년 아이패드 발표
스티브 잡스,
그의 생애는 끊임없는
새로움과 창조의
연속이었습니다.
그는 개인용 컴퓨터
시대를 열었으며 30년 후
아이폰을 개발함으로써
스마트폰 시대의 서막을
연 선구자였습니다.

기술과 디자인의 만남을 주도한 스티브 잡스는
오늘 날 많은 IT 기업에 영감을 준 개척자로 기억되고 있습니다.
혁신의 아이콘으로 추앙받던 스티브 잡스는 세상을 떠났지만
혁신에 대한 그의 열정은 사람들의
가슴속에 오랫동안 남아있을 것입니다.

모든 구성 요소는 스스로에 충실해야 합니다.

- 애플의 최초 액정 디스플레이 일체형 제품인 〈아이맥 G3〉의
  디자인을 고민할 때 잡스가 디자이너 조너선 아이브에게 한 말

혁신을 통해 어려움을 극복합시다.

- 복귀한 잡스가 위기에 빠진 애플을 구하는 것은
  비용절감이 아닌 혁신에 있음을 직원들에게 역설하며

혁신은 연구 개발비의 액수와는 아무 상관이 없습니다. 애플이 매킨토시를 만들었을 때
IBM은 적어도 100배가 넘는 연구 개발비를 썼습니다. 문제는 돈이 아닙니다.
관건은 당신이 어떤 인재를 보유하고, 그들을 통해 어떻게 혁신을 이끌어낼 것이며,
여기에서 얼마나 혁신을 이루어내느냐 하는 것입니다.

- '혁신을 일으키는 방법'에 대한 질문에 답하며

혁신은 **1000**번 '아니오'라고 말하는 것에서 시작됩니다.

-애플 직원들의 무수한 아이디어를 혁신으로 이끄는 방법에 대해 말하며

왜냐하면 내가 **CEO**이고 그것이 **가능**하다고 **믿기** 때문입니다.

-엔지니어들이 제품화하기 불가능한 디자인이라고 저항하자

만약 어떤 일을 순조롭게 진행했다면 또 다른 멋진 일을 찾아 도전해야죠. 그 성공에 너무 오래 안주해서는 안 됩니다.

혁신이 선구자와 모방자를 구분합니다.

– 혁신에 대한 잡스의 생각

-NBC 방송국의 리포터가 잡스에게 "스스로 어떤 유형의 혁신자라고 생각하느냐?"라고 묻자

항상 **갈망**하세요. 바보짓을 **두려워** 말고.

– 2005년, 스탠퍼드 대학교 졸업식에서

글, 그림 최호철

작가 최호철은 1993년 〈보물섬〉에 '나는 한국인이야'로 데뷔, '라스트 메카솔져' '메가데스' 등을 작품을 발표했다.
또한 YB미디어 협력 작품 '카이사르' '한니발'과 문화콘텐츠 진흥원 출판 지원작인 '운강'을 제작했다.
그밖에 미국 만화 여리 편에 작화가로 활동했으며 다수의 학습만화를 제작했다. '야설록'프로덕션 캐릭터 개발 및
표지, 포스터 일러스트 활동도 겸하고 있다.

1판 1쇄 발행 2013년 8월 30일
1판 2쇄 발행 2014년 1월 05일

저   자 | 최호철
편   집 | 엄진섭, 김남진
디 자 인 | 윤재영
경영지원 | 노윤진, 이수열
영   업 | 윤진호
출   력 | 달리는 거북이
인   쇄 | 영창인쇄

발 행 인 | 손호성
펴 낸 곳 | 봄봄스쿨

일 원 화 | 북센

등   록 | 제 312-2013-000016호
주   소 | 서울시 서대문구 대신동 90-1 국제빌딩 202호
전   화 | 070.7535.2958
팩   스 | 0505.220.2958
e-mail | atmark@argo9.com
Home page | http://www.argo9.com

ISBN 979-11-950145-2-1 13320

※ 값은 책표지에 표시되어 있습니다.
※ 〈봄봄스쿨〉은 국내 친환경 인증 콩기름 잉크를 사용하여 인쇄합니다.

Photo CREDITS

6p 잡스와 애플 ©lwpkommunikacio / 24p 실리콘 밸리 ©Nouhailler / 40p 휴렛팩커드 1, 2 ©mjmonty ©raneko / 56p 워즈니악과
애플ll ©Robert Scoble, 잡스&워즈 1, 2 ©Revolweb / 74p 애플 l ©euthman, 애플ll ©Dave Robinette / 92p 애플 lll ©stiefkind,
리사 ©AlanLight, 매킨토시 ©MarcinWichary / 108p 아이맥 g3 ©raybdbomb, 아이팟 ©DAVIDSDIEGO / 126p 잡스와 아이폰
©lwpkommunikacio, 잡스와 아이패드 ©lwpkommunikacio / 144p 타임지 잡스 ©Cea, 아이팟 소개 ©lwpkommunikacio / 164p
wwdc 2007 잡스 ©acaben, 젊은 잡스 ©velorowdy